そうだったのか江戸時代

古文書が語る意外な真実

油井宏子
aburai hiroko

柏書房

はじめに

古文書を読み、そこから江戸時代の姿を直接つかみとるのは、何ともわくわくするものです。二、三百年前に書かれたにもかかわらず〝こんなに今と変わらない〟と思える表現や内容に出会うと、「わかる、わかる！」と共感できてうれしくなります。そして、自信を持って楽しく文書を読み進めることができます。

しかし、そんな場合ばかりとは限りません。「今も使っている言葉なのに、どうしても意味が通じない」「くずし字を読み違えていないはずなのに、なぜ文意を読み取れないのだろう」「何か重要な見落としをしているのかもしれない」などと、不安に思われることもあるでしょう。もし、そこで古文書を読むことをあきらめてしまったら、こんなに残念なことはありません。実は、そんな時こそチャンスなのです。乗り越えることができれば、その先のさらに深く豊かな江戸時代を知り、考察することができます。

その手助けになることを願い、本書では、時間と空間を隔てた江戸時代と現代の〝ずれ〟に着目しました。たくさんの古文書からの実例を挙げ、知らないと思わぬ落とし穴に陥りそうな言葉や、私たちがイメージしがちな江戸時代とは違う一面などを、章ごとに書いてみました。

くずし字に自信がある方もない方も、古文書を長年読んでいらっしゃる方も初めての方も、是非、本書をじっくり楽しみながら役に立ててくだされば うれしいです。

油井宏子

『そうだったのか江戸時代――古文書が語る意外な真実』目次

凡例

1、解読文は、原則として常用漢字を使っていますが、固有名詞その他で旧字・異体字も使用しています。
2、助詞として読む場合には、「者」「江」「而」は漢字のまま小さく右寄せにし、「茂」「与」については「も」「と」と表記しています。
3、解読の際のひらがな読みは、読みやすくするために、読点を多めに打ってあります。

第一章

こんなに様々

第一節　浮空・演舌・風与……思わず納得

古文書を読んでいると、「え、こんな書き方をしている！」と、びっくりすることがあります。驚きを通り越して思わず笑ってしまったり、感心してしまうことさえあります。

古文書には、漢字もひらがなもカタカナも出てきます。それらを自由に駆使して、いろいろな書き方を楽しんでいるかのようです。音（オン）が合っていて、言おうとしていることが相手に伝わればそれでじゅうぶん、というおおらかで許容範囲の広い世界、正解がたったひとつではない世界だとわかります。

現在なら漢字テストでバツをもらってしまうような書き方も、たくさん出てきます。ところが、読み慣れていくにしたがって、それが不思議でも何でもなくなってきます。そして、〝正しい書き方〟が何だったのかが怪しくなってしまいそうになり、そんな自分に苦笑してしまいます。

どうか、「古文書は間違っている、いいかげんだ」などと怒らないでください。目くじらを立てずに、「江戸時代には、こんなにもいろいろな書き方をしていたのか」と楽しんでください。文書や書物の中の〝面白い表現〟は、味わい深いものです。明治以降に、学校教育を通じて〝正しい書き方〟に統一されたわけですが、それ以前には、とても豊かな表現の世界があったのです。

たとえば、どんな書き方が見られるでしょうか。

まず、文書の中で出会った時に思わず感嘆してしまった、私の大好きな表現から御紹介します。

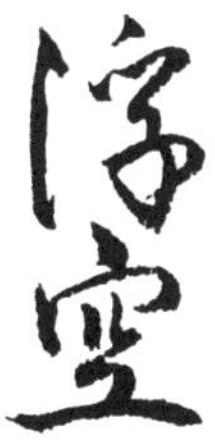

これは、何でしょう。

どう見ても、「浮」と「空」です。

これは、「うわのそら」です。というのは、「うわのそら」と読んではじめて前後の文脈が通じるのです。

「浮空」があったのは、寺子屋に通う十歳の少女の手習いのお手本帳です。お師匠さんの手で書かれた三十六歌仙の歌の後ろに、その寺子屋で守るべき十五か条の決まり事が書かれていました。その一節に「浮空」があるのです（拙著『古文書はこんなに面白い』柏書房、二〇〇五年）。その前後には次のように書かれています。

早書世上之咄を雑へ浮空成儀ハ
甚以無益之至ニ候

早書、世上之咄を雑へ浮空成儀ハ、甚以無益之至ニ候、
はやがき、せじょうのはなしをまじえ、うわのそらなるぎは、はなはだもって、むえきのいたりにそうろう、

「無益之至」は〝まったく効果のないこと〟で、その上に「甚以（はなはだもって）」がついているのですから、「そんなことをしても、まったく全然意味がないのに」という、お師匠さんの嘆きと溜息が聞こえてくるようです。

お師匠さんの嘆息の原因は、次の二点です。

①早書

②世上之咄を雑へ浮空成儀

①「早書」は、何でもいいからとにかく早く終わらせようとばかりに、子どもたちが大急ぎでいい加減に手習いをしている様子でしょう。

②は、「世上之咄（せじょうのはなし）」、つまり世間話をしながら、「浮空（うわのそら）」で書いている様子です。おしゃべりをしながら「浮空」で手を動かしているだけでは、せっかく書いていても何も身につきませんよ、ということでしょう。

現在の辞書類では、「うわのそら」は「上の空」と表記されています。私たちも「上の空」と書きます。

しかし、「浮空」は非常に魅力的な表現だと思います。心がふわふわと「空」に「浮」いていて、心ここにあらずの雰囲気が、字そのものから素直に直接感じ取れます。〝間違っている〟と切り捨ててしまわないでください、と申し上げたのはこういうわけです。古文書を読んでいると、このように、思わずうなってしまうような書き方に出会うことがあります。

次の例を挙げてみましょう。

そうです。これは「演舌（えんぜつ）」です。「演説」のことですね。

京都にいる本店（ほんだな）の当主が、江戸店（えどだな）つまり江戸の支店に名代を派遣しました。その名代が、当主の想いを「演舌」するのです。

当主の代わりに、名代の「舌」が江戸店の奉公人たち一同の前で「演」じている。当主の意思を伝えようと、名代の口の中で「舌」が一生懸命「演」じているわけです。

現在の辞書には、「演説」だけでなく「演舌」を併記したものもあります。しかし、私たちは圧倒的に「演説」の方を使っています。「演舌」も、それだけで情景が目に浮かび、使ってみたくなるような表現です。

さて、これは何と読めばいいのでしょうか。

「風」と「与」で、「風与（ふと）」です。
〝ふと〟いなくなってしまった、の〝ふと〟です。まさに「風」が吹き去るようにいなくなってしまった感じがします。これもまた実感がこもった表現だと感心してしまいます。

どのように文書の中に出ているのか、見てみましょう。

風与心替仕家出仕候ニ付、
ふと、こころがわりつかまつり、いえでつかまつりそうろうにつき、
なるほど、心の隙間に風が入り込むようにそれまでの気持ちが変わり、家出してしまったのですね。
〝ふと〟は、「風与」の他に、「不図」などとも書かれています。許可なく〝ふと〟出て行ってしまうことを〝ふとで〟（「風与出」「不図出」）と言います（四五頁参照）。
次節では、さらに様々な興味深い表現を追ってみましょう。

第二節 直段・太切・約速……こんな書き方も

「浮空（うわのそら）」「演舌（えんぜつ）」「風与（ふと）」の他にも、意外な漢字の使い方や、興味深い表記がたくさんありますので、楽しんでいきましょう。

まず、次のくずし字は何と読むのでしょうか。何のことでしょうか。

「直」「段」で「直段」と書かれていますが、「値段（ねだん）」のことです。

江戸時代の文書では、「ねだん」のほとんどが、「にんべん」がない「直」を使った、こので書かれています。最初に見た時にはびっくりし、だんだん慣れていきます。

そうすると、右の例も読めそうです。

「下直」（げじき・したね）は「下値」のことで、値段が安いこと。「高直」（こうじき・たかね）は「高値」で、値段が高いこと。「仕切直段」（しきりねだん）の〝ね〟も〝直〟ですね。頭の中で「直」↓「値」と、置き換えてみてください。不思議な感覚、楽しい発見かもしれません。

実は、現在の辞書にも、「ねだん」は「値段・直段」と併記されています。「直」には「あたい」の意味があり、「値」と同源の字と考えられますから、「直段」もお門違いの書き方ではないのです。

しかし、私たちが見たり使ったりするのは圧倒的に「値段」の方です。それに対して、江戸時代の文書には、「直段」と書かれていることがほとんどです。明治以降のどこかで、「直段」から「値段」への表記の切り換えが行われたことがわかります。

「直段」が〝間違い〟で、「値段」が〝正しい書き方〟と決めつけるわけにはいかない、「直段」もまんざら〝間違い〟とは言えないのだ、と思っていただけたのではないでしょうか。古文書や書物の中の「直段」を新鮮に感じつつ、多彩な江戸時代の表現を楽しんでいきましょう。

右の四つの例は、それぞれ別の文書から抜いたものですが、共通点があります。私たちが「大」と書くところを「太」と書いているのです。「太切（たいせつ）」は「大切」、「太儀（たいぎ）」は「大儀」、「莫太（ばくだい）」は莫大、「高太（こうだい）」は「高大」です。

「太」と「大」。確かに音（オン）も同じですし、意味も近いですので、あまり不自然な感じはしません。とは言っても、〃「太切」が「大切（たいせつ）」とは！〃と、はじめは仰天してしまうかもしれません。「太→大」と置き換えて読むと通じる場合があることを知っておくと、その他にも「広太」（「広大」こうだい）「御太慶」（「御大慶」ごたいけい）などの時に、すんなり納得できます。

同様なことは「少」と「小」でも見られます。

次の場合は、どうでしょうか。

何か変ですね。そうです。私たちが「非」と書く所に「悲」が書かれています。「無二是悲一（ぜひなく）」は「無二是非一」、「是悲共（ぜひとも）」は「是非共」です。

文書の中には「無二是非一」と、〃現在から見て正しく〃書かれたものも、たくさんあります。同時に、かなりの割合で「無二是悲一」もあります。

では、これはどうでしょう。

今度は「御慈悲（ごじひ）」の方が〃正解〃なのですが、「御慈非」の方も時々書かれています。「非」と「悲」では意味が違いますが、音（オン）が同じで形も似た字ですから、文書の中で共用されてしまっています。

さて、次の例を見てみましょう。

「何だかしっくりこない」と思われたのではないでしょうか。

それもそのはずで「約速（やくそく）」は「約束」、「早束（さっそく）」は「早速」です。私たちが普段書いている「束」と「速」が、逆に書かれてしまっています。文書の中でも、私たちと同じ書き方である「約束」「早速」を見ることの方が多いですが、ここに挙げたような「約速」「早束」にもお目にかかります。

他にも、「義」と「儀」、「懸」と「掛」、「鋪」と「敷」、「受」と「請」、「惣」と「総」、「嶋」と「縞」、「処」と「所」、「跡」と「後」なども、それぞれが区別なく使われていることが多いです。

実際に文書の中で見られる例をいくつか御紹介しましょう。

・「善兵衛義」「相成候義」という書き方は、「善兵衛儀（ぜんべえぎ）」「相成候儀（あいなりそうろうぎ）」と同じぐらいたくさん出てきます。

・「石ニ腰懸」は「石ニ腰掛（いしにこしかけ）」のことです。
・「屋鋪」は「屋敷（やしき）」。
・「受書」は「請書（うけしょ・うけがき）」、「受人」は「請人（うけにん）」ですね。
・「惣体」は「総体（そうたい）」。
・「桟留嶋」は「桟留縞（さんとめじま）」のことでした。
・「処持之金子」は「所持之金子（しょじのきんす）」と読むと通じます。
・「跡々差支ニ相成」は「後々差支ニ相成（あとあと、さしつかえにあいなり）」。

こうやって挙げてみると、古文書を読むのがいかにも大変そうに思えてしまうかもしれませんが、そんなことはありません。「へえ、こんな書き方をしている！」と、思わず感激してしまったり、笑ってしまったり、「なるほど！」と感心したりしながら文意を取っていくのは、むしろ、とても楽しいものです。

そして、書き方・表現だけでなく、もちろん、そこに書かれている内容自体がとても興味深いのです。人々の暮らしぶりや考え方が行間から浮かび上がってきます。さらに、関連文書を読み合わせるなど、背景を調べれば調べるほど歴史的な事実がいろいろわかってくるのですから、こんなに面白いことはありません。

内容からわかることは後の章でお話することにして、ここでは、もう少し古文書に見られる江戸時代の表現にお付き合いください。

比較的多くの文書に出てくる例を挙げておきます。

・「留守」は「留主（るす）」と書かれていることがほとんどです。
・「行方」も「行衛（ゆくえ）」が多いですね。
・「手分け」は「手訳（てわけ）」をよく見ます。
・「親切」は「深切（しんせつ）」としばしば書かれます。
・「六ツケ敷（むつかしく）」は「難しく」のことです。

「御役界ニ相成」とあった時には、はじめは何かと思いましたが、「御厄介ニ相成（ごやっかいに、あいなり）」のことだと気づきました。「役界」→「厄介」ですね。

「面働成ものニ候間」は「面倒成ものニ候間（めんどうなるものに、そうろうあいだ）」でした。「面働」→「面倒」です。

一つの文書の中に「代呂物」「代ロ物」「代物」とあり、それらがすべて〝しろもの〟（店の商品）、ということもあります。

「彼之道江相趣」は、どう考えても「彼之道江相赴（かのみちえ、あいおもむき）」です。「趣」

と書いてしまっていますが、「赴」のことですね。「甲州海道相趣」もありました。これも「甲州街道相赴（こうしゅうかいどう、あいおもむき）」でしょう。もっとも「街道」が「海道」で書かれているのは、江戸時代の文書ではかなり一般的です。

「鳶之者」が「飛之者（とびのもの）」と書かれていた時には、本当にびっくりしました。でも、こんなことに驚いていてはいけません。

固有名詞さえ、いろいろな書き方をしている時があります。

一つの文書の中で、「太七」さんと「多七」さんが出てきました。文意を取りながらよく吟味して読み込むと、「太七」「多七」は同一人物です。「たしち」と普段呼ばれている人物が、「太七」と書くのか「多七」と書くのか、本人もまわりの人々もあまり気にしていない、こだわっていないのですね。〝音（オン）が合っていれば色々な字で〟というのは、固有名詞にさえ当てはまります。まるで色々な字で表現するのを楽しんでいるかのようです。

はじめは「次兵衛」と書かれていて、少し先を読むと「治兵衛」になっているのにそれが同一人物、などということもあります。

文書をしっかり読み取り理解するためにも、頭をやわらかくして、字も表現も楽しみながら、江戸時代をまるごと味わっていくことが大切だと思います。

第三節　門枩・昊見・武劦……こんな字も

この字は、何でしょうか。

「松」と読みます。〃なるほど！〃と思われたかもしれません。「きへん」に「公」ではなく、「木」の下に「公」の「枩」が書かれています。つまり、左右に「木」と「公」があるのではなく、上下に「木」と「公」が書かれているのです。もちろん「松」も古文書には出てきます。その両方を見ることができる箇所がありますので、左に載せてみましょう。

門枩之儀祝ひ迄ニ随分小キ松を立可レ申事、

かどまつのぎ、いわいまでに、ずいぶんちいさきまつを、たてもうすべきこと、

お正月のお祝い事なので門松を立てることを許可するけれども、できるだけ小さい松を立てるように、といった意味ですね。

これは、天明二（一七八二）年に書かれた、山城国（現在の京都府）のある村の村法度（むらはっと——村で守るべき決まり）の一部です。質素倹約を旨に、門松もなるべく小さいものを飾るように、と書かれているわけです。

右のくずし字では「門松」の「松」は「枩」、「小キ松」の「松」は「松」です。このように、すぐ近くに書かれていても、別の書き方をしていることがしばしばあります。まるで両方の書き方を楽しんでいるかのようです。

「枩」「松」の他にも、このような例は見られます。たとえば。これも「略」の「田」と「各」が上下に書かれて「畧」になっています。

実は現在の漢和辞典にも「枩」「畧」は出ています。しかし、私たちは日常生活でほとんど使いません。一方、現在でも、「嶋」「峰」だけでなく「嶌」「峯」が使われています。こう考えると、江戸時代に「枩」「畧」が普通に書かれていたことが不思議ではなくなり、他にもこのような字に出会わないかしらと楽しみになってくると思います。

では、現在の漢和辞典には載っていなくて、江戸時代の文書や書物にはよく見られるくずし字を挙げてみましょう。

が共通していますが、これは「吴」と書かれていて、私たちが現在使っている字でいうと「異」のことです。

ですから「吴見」「吴論」「吴国」で「異見（いけん）」「異論（いろん）」「異国（いこく）」です。江戸時代のくずし字のほとんどが、この「吴」で書かれていて、「異」のくずしは、ほんの少ししか出てきません。ということは、江戸時代の人たちは「い・ことなる」という字を、基本的に「吴」と認識して書いていたことがわかります。

現在は「異」が〝正しい字〟とされ、「吴」は「異」の〝異体字〟という言われ方をされていますが、江戸時代には「吴」の方がむしろ一般的な字だったわけです。本節では、「厺」「畧」「吴」など広い意味での〝異体字〟を御紹介していますが、それらは江戸時代の人たちにとっては決して〝異体〟な字ではなかったのです。むしろ、そちらの方が多く使われている場合も多いのです。

も、あまり見たことがない字です。これは「刕」と書かれていて「州」のことです。「関八刕」「武刕」「遠刕」で、「関八州（かんはっしゅう）」「武州（ぶしゅう）」「遠州（えんしゅう）」です。

「関八州」は、関東八州の総称。相模（さがみ）・武蔵（むさし）・安房（あわ）・上総（かずさ）・下総（しもうさ）・常陸（ひたち）・上野（こうずけ）・下野（しもつけ）の八か国です。「武州」はその「武蔵国」の別称。「遠州」は「遠江国（とおとうみのくに）」ですね。

「違儀（いぎ）」「相違（そうい）」「間違（まちがい）」、と書かれてあります。

共通するくずし字はです。これが「違」なのですが、何だか今の字とは違

う気がします。「韋」に「しんにょう」ではなくて、「麦」に「しんにょう」が書かれているのですね。江戸時代の文書に見られる「違」のほとんどが、「麦」のようなくずし字に「しんにょう」で書かれています。「韋」に「しんにょう」は、少ししか出てきません。

さて、は何でしょう。

「ひへん」はよいとして、旁（つくり）は何でしょうか。

「日」に「寸」が書かれていて「时」なのですが、これを「時」と読んでください。「時節（じせつ）」「時之相場（ときのそうば）」「五ツ時過（いつつどきすぎ）」というわけです。

私たちが書く「ひへん」に「寺」の「時」も、たまに出てきますが、圧倒的に「时」が多く書かれています。

その他の〝異体字〟をいくつか挙げておきましょう。

「叓」→「事」

「一札之事（いっさつのこと）」

「㝡」↓「最」

「珎」↓「珍」

「帋」↓「紙」

「迯」↓「逃」

「壬」↓「閏」

「最寄（もより）」

「珍重（ちんちょう）」

「手紙（てがみ）」

「逃去（にげさる）」

「閏月（うるうづき）」

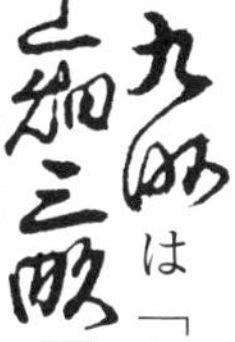は「九畂（きゅうせ）」と書かれています。つまり「畂」＝「畆」です。一方、「上畑三畆（じょうばた、さんせ）」では、「畆」＝「畝」で書かれているようです。「畂」も「畆」も「畝」です。

つまり、私たちが〝異体字〟と呼んでいるものにも、定まったひとつの形だけがあるのではなく、その中間の形と思われるものがあったり、他のバリエーションがあったりなど、実際には古文書の中にいろいろな形のくずし字が出てきます。それらを全部含めて、江戸時代のくずし字であり表現の仕方です。そのこと自体が、江戸時代の多様な生活や考え方を私たちに示している気がします。

第四節　ス年目・テ匁・丸屋……符牒や隠語も

「直段」「太切」「無二是悲二」などの表現は、どんな文書にも出てきますので、慣れてくれば、「なるほど」とわかるようになります。

ところが、字は読めているのに、「何のことを言っているのだろう」と意味が通じない時があります。たとえば、次の例を見てみましょう。

真ん中の「手」に似た大きなは「年」のくずしですから、下の二文字は「年目」と書かれています。ということは、「□年目」となるはずですから、□には数字が入ると思われます。しかも一文字です。

しかし、ぱっと見て数字に見えません。こういう時には「一・二・三……」あるいは「壱・弐・参……」と順に当てはめて、そのくずしに似たものを頭に思い浮かべてみましょう。

ところが、そのようにしても「これだ」というものがありませんね。困りました。

次の段階としては、その文書の他の部分でこれと同じような書き方をしていないかを調べます。同じ文書の中で、似たような表現がないか、ここでは意味がわからないけれども、他の場所では前後の関係からわかるのではないか、と探すわけです。

とくに、が読めないとその文書全体の内容が理解できない場合や、主題に関する重要な言葉である時などには、何とかして手掛りを探すことになります。その場で急いで解決しなくても支障ない場合には、いつか解決しようと頭の片隅に疑問を残しながら、とりあえず文書を読み進めることにします。

さて、ですが、これは「数字符牒」です（株式会社白木屋『白木屋三百年史』一九五七年）。大呉服商の白木屋日本橋店（しろきやにほんばしだな）に関する四百点ほどの文書群（白木屋文書・東京大学経済学部資料室所蔵）の中に見られる表現です。各商家は、それぞれ独自の符牒を持っていました。その店の中だけで通用する暗号のようなものです。店の資金がどのように動いているかなどが、外部の人に一目でわかってしまわないように、それぞれ工夫していました。

白木屋の符牒には色々なものがありましたが、「エヒスタイコクテム干」を数字の一から十に対応させたものがよく使われています。「ヱヒスタイコクテム干」は、「恵比須大黒天像」を意味したと思われます。

ヱ＝一、ヒ＝二、ス＝三、タ＝四、イ＝五、コ＝六、ク＝七、テ＝八、ム＝九、干＝十、と対応するわけです。

は「イ年目」と読めますから、イ＝五、「五年目」とわかります。

では、次のように書かれていたら、何でしょうか。

は「代ヒ匁」と書かれています。ヒ＝二ですから、「代二匁（だい、にもんめ）」のことですね。匁は銀の貨幣単位です。

そして、次に大きく横に広がって書かれているは「〆」です。「ヒ匁」（二匁）を含めてそれまでに書かれている三品を合計しています。いくらでしょうか。ちょっとややこしいですが、が「千ヱ匁」で十一匁、は「テ分」と読んで「八分」です。合計が「十一匁八分」というわけです。

数字だけでなく、奉公人たちの間だけでしかわからない言葉「隠語」もありました。お客様に失礼があったり迷惑をかけたりしないように、また外部の人に内容がわかってしまわないように、いくつかの隠語がありました。

白木屋文書の中から拾ってみましょう。

これは、「丸屋堅相慎（まるや、かたくあいつつしみ）」と読みます。

「堅相慎」は、何かを厳しく禁止する時の言い方です。その禁じているものが「丸

屋」なのですが、これだけでは何のことやらわかりません。

白木屋文書で「丸屋」とは、お酒のことを意味しています。ですから、「酒を厳しく禁じる」と書かれているわけです。これなども、「丸屋」という隠語の意味を知らなければお手上げです。

奉公人たちに対する規則書には、「丸屋をほどほどに」「お客様に丸屋をお出しする時に、お相手をする奉公人たちが失礼な行いをしてしまってはいけないので、自分たちは飲まないように」などという書き方で出てきます。

次は、何と書かれているでしょうか。

ここには、「仙之字仕候（せんのじ、つかまつりそうろう）」と書かれています。

少し前から続けると、「泉屋勘重郎方ニ而仙之字仕候（いずみやかんじゅうろうかたにて、せんのじ、つかまつりそうろう）」と書かれてあります。泉屋勘重郎の所で「仙之字」をした、というわけです。

「仙之字」は「仙印」と書かれている時もあり、「食事」の意味で使われていたようです。「泉屋勘重郎のところで食事をした」との意味なのですね。「店の風呂場でも、仙之字場でも、奉公人同士が慇懃にふるまうこと」などと出てきます。「丸屋」＝お酒、「仙之字・仙印」＝食事、の他にも、「玉へん」＝現金、「徳蔵・徳印」＝蔵でさぼっていること、「屋印」＝休暇日・外出許可日、「テ印・手印・テの字」＝白木屋、などが見られます。

白木屋文書を例にお話しましたが、ある文書群の中でのみ使われている表現や用語は、関連の文書を読んだり、先行研究を学んだりしながら判断していくことになります。商家などの符牒や隠語に限らず、それぞれの地域で役職の呼び名が異なったり、特別な言葉が出てきたりすることもあります。文書の内容を理解して歴史的な意味を考えることはもちろんのことですが、言葉自体の世界が広がることも、自由に発想し深く考えることの大きな手助けになると思います。

第一章では「こんなに様々」をキーワードに、江戸時代に見られる表現や文字について見てみました。色々な表現があって正解がひとつではない世界、様々な文字が見られる世界を垣間見て、江戸時代の文書や社会に興味を持っていただけたでしょうか。

寺子屋の入門風景（『絵本倭文庫』）

第二章

こんなに違う

第一節　〝当時〟は現在

「奉公人請状（ほうこうにんうけじょう）」と呼ばれる文書があります。

奉公する人間の身元を保証するとともに、契約の内容などを書いたものです。奉公人の請人（保証人）・人主（父や兄など）・口入れ（仲介者）などから、雇用主に宛てて出されました。

「さの」という女性の奉公人請状の一節に、次のような文面が見られます。

当時為二手附一金壱両弐分也、請人立会慥請取、

とうじ、てつけとして、きんいちりょうにぶなり、うけにんたちあいたしかにうけとり、

「手附」として金一両二分を受け取った、と書かれています。「当時」受け取った、とありますが、この「当時」とは、いつのことでしょうか。

これは、〝たった今〟〝現在〟のことです。ここでの「当時」は、過去のある時点ではなく「現在」、つまり〝文書が書かれた時点〟を意味しているのです。

さのさんは文政九（一八二六）年六月から、七か月間の乳母奉公に出ることになっていました。給金は二両。その二両の内の一両二分は、たった今、手付金として、働く前にいただいた、と言っているわけです。

他の奉公人請状で、この「当時」に当たる所に「只今（ただいま）」と書かれているものがあります。

半給銀只今被レ下、慥ニ請取申候、

はんきゅうぎん、ただいまくだされ、たしかにうけとりもうしそうろう、

この奉公人請状は源六さんのものです。

源六さんは、元文二（一七三七）年の暮から翌年の暮までの一年間、「給銀七拾五匁（きゅうぎん、ななじゅうごもんめ）」で働くことになりました。その七十五匁のうちの半分、つま

り三十七匁五分を「只今」受け取った、と書かれてあります。
この文書での「只今」が、さのさんの文書にあった「当時」に当たることがわかります。さのさん同様に、働く前の手付として、たった今受け取ったのです。

少し脇道にそれますが、源六さんの文書にあった「給銀」について説明させてください。これは、私たちが言うところの「給金」のことですね。さのさんの文書には、「給金」と書かれてありました。

同様に、「借金」と「借銀」、「代金」と「代銀」、「出金」と「出銀」のように、江戸時代の古文書には「金」「銀」両方の表記が見られます。そして、「金」は主に関東、「銀」は関西の文書に多く見られる傾向があります。

これは、基本となる貨幣が関東では主に金貨（金遣い）、関西では銀貨（銀遣い）だったことを反映しているからだと思われます。確かに、さのさんの文書は下総、源六さんの文書は山城のものです。さのさんは「給金」二両、源六さんは「給銀」七十五匁で働いたわけです。

ついでに、源六さんの文書では、残りの「半給銀」は「来七月」に渡されることになっています。つまり、約束の期間の半分以上働いたら渡す、という約束になっていたことがわかります。

さて、話を「当時」に戻しましょう。

私たちが日常生活で「当時」という言葉を使う時には、現在より前のある時期を指していることがほとんどです。

・当時は、このあたりも人通りが少なくて

・このグループは、当時とても人気があって

ところが、古文書に出てくる「当時」は、まさにその文書が書かれた時のことなのです。文書が書かれた時からさらにさかのぼった過去の時点を指しているのではありません。ですから、「当時」を「現在」「今」と置き換えると文意が通じます。これを取り違えると、正しく文意を取ることができず、文書全体のあり方まで誤解してしまうことになります。

この「当時」のように、私たちが今でも使っていて、しかも、江戸時代の古文書では違う意味で使われている言葉、これに要注意です。

実は、現在の辞書類にも、「当時」の意味として「現在。ただいま。」は載っています。第一の意味として「過去のある時点、ある時期。その時。そのころ。」を挙げ、第二に「現

在。いま。」を載せている辞書もあれば、「現在。ただいま。」を第一に挙げている辞書さえあります。ただし、私たちが生活の場で使っている場合は、過去を指すことがほとんどですから、その意識のままで文書を読んでしまいがちです。

文書の中に知らない言葉が出てきた時には、辞典や専門書などで一生懸命調べます。ところが「当時」などという何でもない言葉には疑問さえ持ちません。しかし、そういう言葉こそ、文書の中のキーワードになっている場合が少なくありません。

古文書の中の「当時」の例を、もうひとつ見てみましょう。

御当人、当時下総野田当正寺様之御住職被レ遊候、

ごとうにん、とうじ、しもうさのだとうしょうじさまの、ごじゅうしょくあそばされそうろう、

これは、江戸の大呉服商、白木屋日本橋店（しろきやにほんばしだな）に奉公していた宮部捨次郎さんに関する文書の一節です。

彼は、故郷の近江を出て江戸に下り、日本橋店に住み込みで働いています。奉公をはじめてから五年目。十五・六歳ごろと思われる捨次郎さんは、天保十三（一八四二）年、勤め先であり住まいでもある日本橋店を家出し、浅草観音に向かいました。頼った先は、正智院にいるはずの縁者の人。これが「御当人」です。

ところが、頼ろうとしていた「御当人」はそこにはいませんでした。浅草からずっと離れた下総野田にある当正寺の住職を「当時」している、と「御当人」ではない人から告げられたのです。

この「当時」が、「今」「現在」です。

「今は、野田の寺で住職をしているよ。」「浅草にはいない。現在は野田に移っている。」こう言われたのでしょう。これも、捨次郎さんが訪ねていった時からさかのぼった前のことを言っているのではなく、まさにその時点のことを言っています。

「当時」のような言葉は、たくさんの文書を読みながら前後の意味をとらえたり、関連文書を分析して時系列を考えたりしているうちに、なるほどこういう意味で使われているのかと体得していくことができます。次節以降もそのような言葉を取り上げてみましょう。

第二節　〝欠落〟は男女二人でするとは限らない

「欠落（かけおち）」という言葉は、江戸時代の文書で比較的よく見る言葉です。村の文書でも、町の文書でもお目にかかります。

この「欠落」の意味を、文書の中からさぐってみましょう。まず、三四頁で挙げた「さの」さんの奉公人請状に、もう一度登場してもらうことにします。

万一、取逃欠落等仕候ハ、

まんいち、とりにげかけおちなどつかまつりそうらわば、

もし、さのさんが奉公先を抜け出して出奔してしまったら、と書かれてあります。その場合には、雇用主の損害を請人が弁償して、少しも迷惑をかけないようにする、と文書は続きます。

この「欠落」は、さのさんがひとりで飛び出しても「欠落」ですし、他の奉公人と示し合わせて忍び出ても、「欠落」です。つまり、奉公先という〝本来いるべき場所〟から「欠けて落ちる」ことが「欠落」だというわけです。

これは、次の例からも明らかです。

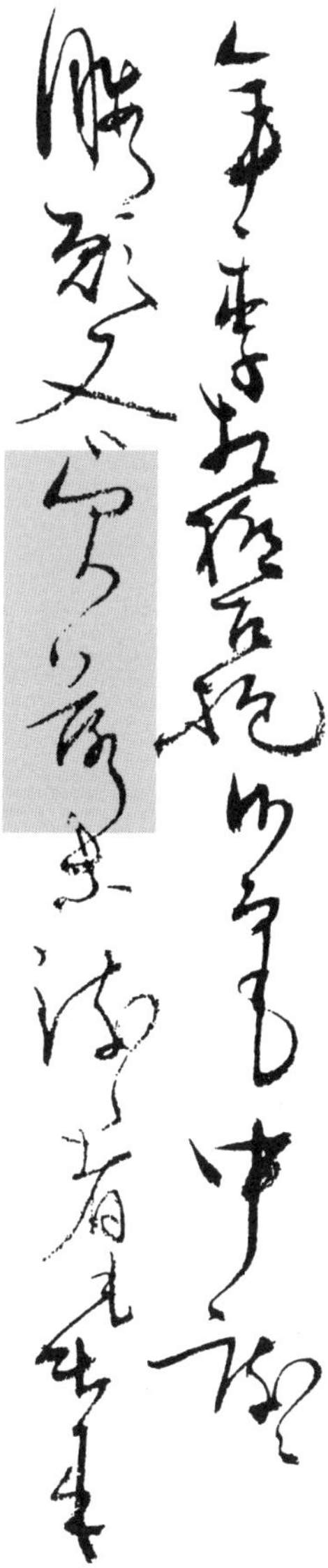

年季相極召抱候而も、中度ニ暇願又ハ欠落等致候者も出来、

ねんきあいきめ、めしかかえそうろうても、ちゅうとにひまねがい、または、かけおちなどいたしそうろうものもでき、

この文書は、醤油醸造業に関する史料の一部です。

醤油蔵の奉公人たち（全員男性）が、杜氏（とうじ）を通じて主人に「給金増」を願い出ました。つまり、労働者の賃上げ交渉です。それに対して、醸造家たちは寄合を開いて評議し、回答書を出しました。結局、賃上げは認められないのですが、その理由のひとつとして挙げられているのが、先ほどの部分です。

一年季（一年間の奉公）、三年季（三年間の奉公）などと年季を決めて雇用しても、中途で暇を願い出たり、「欠落」してしまう者もいる、と書かれてあります。

ここでの「欠落」も、雇用関係を破棄して勝手に雇用先を抜け出してしまうこと、出奔を意味しています。

次の例は、実際に「欠落」した例です。

友八俄ニ心替リ致、未夕病気全快不レ仕、殊ニ御奉公太儀ニ存、一向欠落可レ仕治定致、

ともはち、にわかにこころがわりいたし、いまだびょうきぜんかいつかまつらず、ことに、ごほうこうたいぎにぞんじ、いっこうかけおちつかまつるべく、じじょういたし、

友八くんは、江戸の大呉服商である白木屋日本橋店（しろきやにほんばしだな）の奉公人です。故郷の近江から江戸に出てきたばかりでおそらく十二歳ごろ、台所衆のひとりとして働いていました。台所衆は男衆・下男などとも呼ばれ、台所仕事のほかに荷物の運搬をしたり、使いに走ったりと、店の内外でいろいろな雑用をこなしていました。

その友八くんが、天保十五（一八四四）年九月十七日、手代のお供をして、背中に大荷物を背負って大名屋敷をいくつか回りました。その帰り道。一足先に店へ帰っているようにと、手代に言われます。

さて、彼はどうしたでしょうか。それがわかるのが先ほどの部分です。急に心変わりして、逃げ出すことにしたとあります。「欠落」です。

理由は病気がいまだにすっかり治っていないこと、そのために白木屋での奉公がとてもつらかったから、としています。「一向欠落可レ仕治定致」は、〝逃げ出そうと、いちずに思い定めて〟といった意味でしょう。背負った商品の反物を売り払って、故郷に帰る道中

の路用にしようと考えたようです。

「欠落」を決行した友八くんは、あちこち動き回ったあげく、結局、店に連れ戻されてしまいます（拙著『古文書はこんなに面白い』柏書房、二〇〇五年）。本来いなくてはいけない奉公先から、男性ひとりが逃げ出した場合も「欠落」と書かれていることが確認できました。白木屋からの「家出」が「欠落」なのです。

次の場合を読んでみましょう。

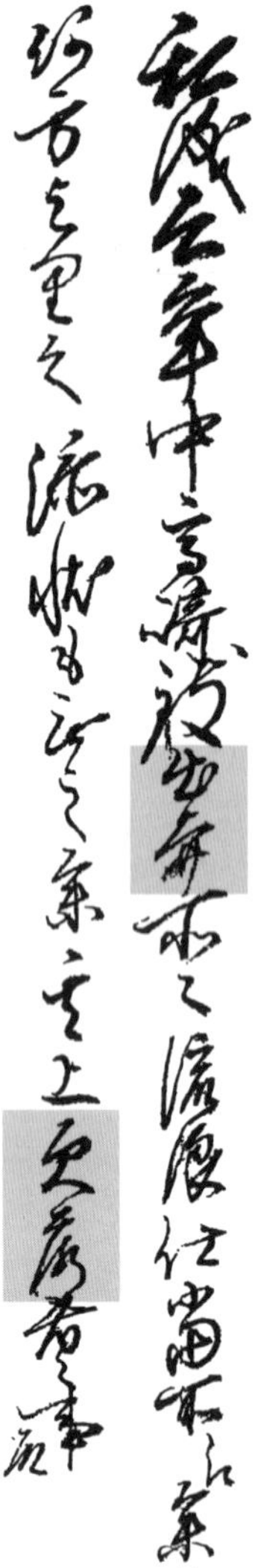

私儀、去年中高崎致ニ出奔一、所々流浪仕当所江参候所、何方より之添状も無レ之参、
其上欠落者之事故、
わたくしぎ、きょねんちゅう、たかさきしゅっぽんいたし、しょしょるろうつかま

つり、とうしょえまいりそうろうところ、いずかたよりのそえじょうもこれなくまいり、そのうえ、かけおちもののことゆえ、

高崎を「出奔」した嶋野七蔵さんは、天明四（一七八四）年五月二十日、高崎藩の飛び地である下総国飯沼村（現在の千葉県銚子市）に現れました。前年の「出奔」以来、あちらこちらを流浪してきたとあります。だれからの紹介状も持たず、その上、自分は「欠落者（かけおちもの）」であるので、としています。つまり、「出奔（しゅっぽん）」と「欠落（かけおち）」が同じような意味に使われていることがわかります。

江戸時代の文書では、「欠落」「出奔」のほかにも「不図出・風与出（ふとで）」などという表現で失踪したことを表しています（一一頁）。

年貢や借金を払えない農民が家族全員で行方をくらましても「欠落」、複数の奉公人が勤め先を抜け出しても「欠落」です。

〝かけおち〟は「駆落ち」だから、〝相思相愛の男女が、二人で連れ立って密かに逃亡したに違いない〟と思われがちです。しかし、文書の中の「欠落」は、そうとは限りません。自分がいるべき所から無断で飛び出すことを広く意味し、人数も性別も事情も様々なのだ、と多くの文書が語っています。

第三節　〝御気之毒〟は〝誠にすみません〟

［御気之毒］

私たちは、どのような時に「御気之毒」という言葉を使うでしょうか。「痛ましい」「かわいそう」などいたわりや同情の気持ちを込めて、他人の苦痛や困難に対して気遣う場合が、圧倒的に多いのではないでしょうか。しかし、文書の中では、それとは違う意味で使われていることが多くあります。その例を挙げてみましょう。

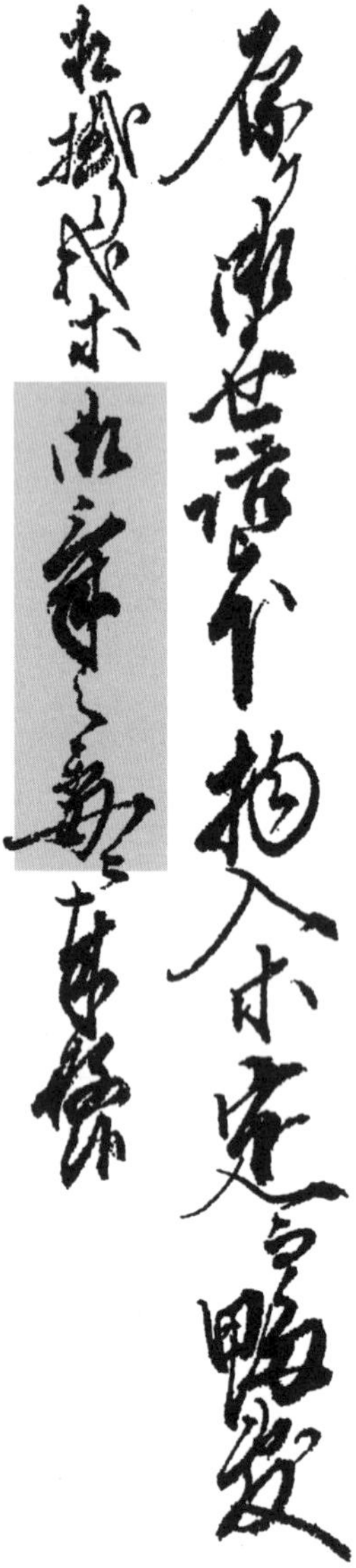

厚ク御世話被レ下、物入等定而夥敷相掛り候哉と、御気之毒ニ奉レ存候、

あつくおせわくだされ、ものいりなど、さだめておびただしく、あいかかりそうろうやと、おきのどくに、ぞんじたてまつりそうろう、

これは、ある書状の一部です。

差出人が、相手にとてもお世話になったと言っています。そして、さぞかし相手方の「物入（ものいり）」（出費）が「夥敷（おびただしく）」かかってしまっただろうと思うと、「御気之毒」に存じます、と書かれてあります。

この「御気之毒」が「かわいそう」だとしたら、自分（差出人）のために多額の出費をしてくれたのに、まるで人ごとのように「御気之毒」と述べていることになります。そうではなくて、ここでの「御気之毒」は〝迷惑をかけてしまって申し訳なく思う〟といった意味に取ると、文意が通じます。〝心苦しい〟〝とてもすまなく思う〟などといった気持ちでしょう。

現在でも、「彼には気の毒なことをしてしまった」などという場合には、〝申し訳ない〟という気持ちを込めているわけですから、私たちも、このような意味で使っていることになります。古文書の中では、自分より目上の人に対しても、この「御気之毒」が用いられ、〝誠にすみません〟〝申し訳ございません〟として使われています。

もともと、「気之毒」は「自分の気持ちにとって毒」になることです。他人の不幸や苦痛などに同情して心を痛めることも「気之毒」ですし、他人に迷惑をかけて心苦しく申し訳なく思うことも「気之毒」。両方とも「自分の気持ちにとって毒」なのでしょう。

その意味で、現在の生活でも古文書の文面でも両方の意味の「気之毒」が出てくるわけです。そして、文書の中では「気之毒」を〝申し訳ない〟〝とてもすまなく思う〟〝心苦しい〟の方に読むと通じることが多いことを知っておいてください。

［勝手］

次は「勝手」という言葉に注目してみましょう。

ため祖父純庵、勝手ニ付、本所抱屋敷江引移、

ためそふじゅんあん、かってにつき、ほんじょかかえやしきえ、ひきうつり、

ためさんの祖父である純庵さんが、本所（現在の東京都墨田区）の抱屋敷（所有地に建てた屋敷）

に引っ越した、とありますが、この場合の「勝手につき」は、彼が自分勝手な行動をしたとか、わがままな性格でということではありません。〝都合により〟といった意味です。公に命じられたのではなく〝私的な理由があって〟と言ってもいいですね。〝都合があって、引っ越した〟と述べているわけです。

このように〝都合〟に置き換えることができる「勝手」が、文書にはよく出てきます。実際に文書の中で私が出会った「勝手」を、御紹介していきましょう。

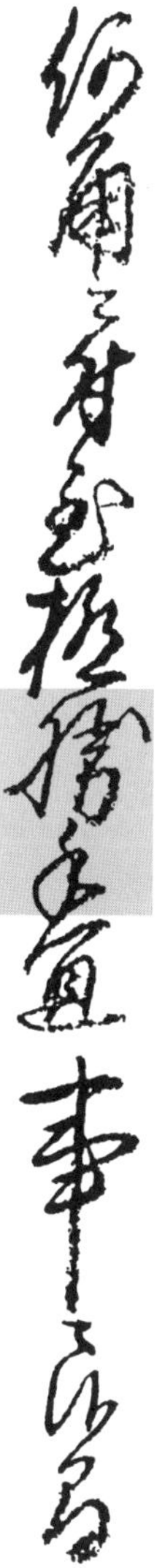

何角ニ付、至極勝手宜事ニ候間、

なにかにつき、しごく、かってよろしきことにそうろうあいだ、

「何かにつけて、とても〝都合〟がよいので」

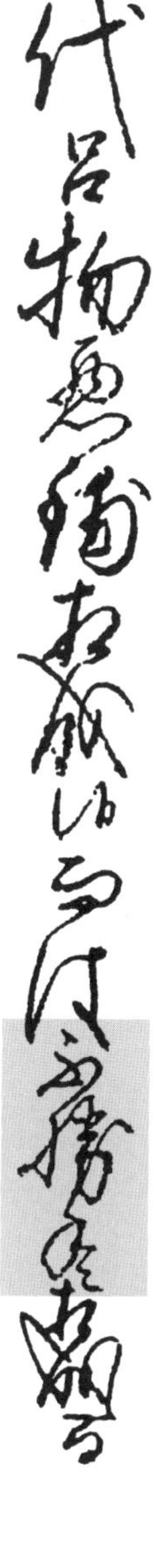

代呂物悪鋪相成候而は、不勝手ニ相成候間、
しろもの、あしくあいなりそうろうては、ふがってにあいなりそうろうあいだ、
「商品が悪くなってしまっては、〝不都合〟なので」

錠鎰、勝手能、庄や方へ持参仕、
じょうかぎ、かってよく、しょうやかたへ、じさんつかまつり、
「錠や鎰を、うまく〝都合〟を見計らって、庄屋の所に持って行って」

これらは、私たちが現在でも「使い勝手がよい」などという時の「勝手」に通じます。「勝手宜・勝手宜敷（かってよろしく）」「勝手能（かってよく）」なら〝都合がよい〟〝便利だ〟などの意味になり、「不勝手」なら〝不都合〟〝便利でない〟ことになります。

それに対して、文書の中にも〝自分の好き放題〟〝わがまま〟〝きまま〟の意味での「勝手」も、もちろん登場します。「手前勝手（てまえがって）」がそうです。

その他にも、「勝手」には色々な用例が見られます。

次の「勝手」はどうでしょうか。

国元之勝手、一向存不レ申、

くにもとのかって、いっこう、ぞんじもうさず、

「国元の〝様子〟が全くわからないので」

そうですね。これは〝様子〟という意味の「勝手」です。

次のような「勝手」もあります。

勝手方勤奉公ニ而も宜候間、

かってかたつとめぼうこうにても、よろしくそうろうあいだ、

「〝台所〟仕事をする奉公人としてでもけっこうですので」

これは、私たちが「御勝手」などという〝台所〟のことですね。「勝手働（かってばたらき）などという言葉も出てきます。

しかし次のように書かれていると少し意味が違ってきます。「御勝手向（おかってむき）」ですが、これは〝暮らし向き・生計〟といった意味になりますね。私たちも「勝手向きが苦しい」などと使います。

幕府の勝手方老中・勝手方勘定奉行となると、さらに広く〝財政〟事務を扱う役職になります。

「勝手」が、都合・きまま・様子・台所・生計・財政などの意味で使われていることがわかりました。

同じようなことが、「不勝手」にも言えます。「不勝手」という言葉は、先ほどの例に挙げたように〝不都合〟のことですが、〝生計が苦しい〟〝経済的に生活が困難〟なことも「不勝手」です。文書全体の文意を理解しながら、何を言おうとしているかを判断していく必要があります。

第四節 〝老若に限らず〟の〝老〟は何歳？

前節までの「当時」「欠落」「気之毒」「勝手」などの解釈は、どの文書にも共通してお話できる事柄でした。

本節では、それら同様にごく普通の言葉を取り上げますが、それがある文書群の中では本来とは違う意味を持ってくる場合を見てみましょう。第一章の第四節で御紹介した白木屋文書（しろきやもんじょ）を例にとります。

老若ニ不レ限、子供ニ至迄気を附可レ申候、

ろうにゃくにかぎらず、こどもにいたるまで、きをつけもうすべくそうろう、

「年配者から若者、そして子どもたちに至るまで、気をつけなければならない」と書かれていますが、史料上の「老」「若」そして「子供」が、いったい何歳ぐらいのどういう

立場の人のことを言っているのか、ということが問題になってきます。

これは、白木屋の奉公人たちが守るべき決まり事が書かれた文書の一部です（拙著『江戸が大好きになる古文書』柏書房、二〇〇七年）。商品の取り扱いについての注意が書かれている条項の一部で、そこに「老若ニ不レ限、子供ニ至迄」気をつけなければならない、とあるのです。ということは、「老」「若」「子供」のいずれも白木屋の奉公人のことを指していることになります。「老」は〝年配の奉公人〟、「若」は〝若い奉公人〟、「子供」は〝子どもの奉公人〟ということになりますが、具体的にはどのような人たちなのでしょうか。

白木屋の奉公人については、多数の文書から次のようなことがわかります（拙著『江戸奉公人の心得帖―呉服商白木屋の日常―』新潮新書、二〇〇七年）。

江戸日本橋店の奉公人たちは、京都の本店（ほんだな）で採用されており、出身地はほとんどが近江国（おうみのくに・現在の滋賀県）長浜の近辺。十一歳ごろに親元を離れて江戸に下ってきています。全員が男性の奉公人です。

そして、江戸で店に住み込んで働きます。重大な不正を働いて解雇されたり、病気にかかって故郷に帰されたり、亡くなったりしてしまう奉公人たちもいます。無事に九年間過ごすことができたら、初登り（はつのぼり）が許されます。初登りでは、まず京都の本店に行って当主の大村彦太郎に直々に御目見え、となります。一週間ほど本店に滞在した後、いよいよ故郷の親元へ九年ぶりに帰ります。初登りは、江戸を出てから帰ってくるまでに許可されている日数が五十日間です。

そして、「登り」は単なる旅行や帰郷ではなく、昇進への大切な区切りでありステップであったところに大きな意味がありました。いよいよ本格的な奉公人としてのスタートを切るわけです。「初登り」を終えて帰ってくると、そこで、はじめて手代になれました。手代になるのは、九年目の初登り後ですから、二十歳ごろということになります。

それ以前の十五歳ごろに、奉公人たちは日本橋店で元服の式を挙げてもらっていました。その時から髪型も成人と同じにします。名前も子ども名前から成人の名前に変えました。つまり、親代わりの店が、奉公人たちの人生の門出を祝い、これを区切りに成人扱いすることを明らかにする儀式だったわけです。

元服前の奉公人たちは「子ども」と呼ばれていました。文書には「子ども」「子供」「こども」などと書かれています。先ほど見た「子供ニ至迄（こどもに、いたるまで）」の「子供」がまさにこれで、元服前の十一歳から十五歳ぐらいまでの奉公人のことなのです。子ども一般を指すのではなく、このような限定的な意味で使われています。

元服後から初登り前の奉公人、つまり十五歳から二十歳ぐらいまでの奉公人は「若衆（わかいしゅ）」と呼ばれていました。

「老若ニ不レ限（ろうにゃくにかぎらず）」の「若」は、この「若衆」を指しているのでしょう。さらに、初登りを終えて数年ぐらいまでの若い手代たちのことも含めているのだと思われます。

「老」の方は、年配の奉公人、経験を積んだ奉公人には違いないわけですが、だれを指しているのでしょうか。

白木屋日本橋店のトップは支配役です。次席は年寄役です。その下には小頭役がいます。しかし、これら重役クラスにまで上り詰める奉公人はわずかで、大部分の奉公人たちは二十代後半から三十代にかけて「目出度勤（めでたくつとめ）」上げたとされて退職しています。それから故郷に帰ったり、結婚して江戸に住んだり、人生の第二の転換期を迎えているようです。

ですから「老」と言っても、主に二十代後半から三十代の奉公人を指していたのです。これらの年代の奉公人たちが、「老」であり熟練の奉公人ということになるわけです。

このように、私たちから見たら何でもない言葉が、文書の中ではきちんとした枠組みの中の言葉として使われていることがあります。

「子ども」という言葉は、江戸吉原では、上級の遊女たちが使った見習いの幼女「禿（かむろ・かぶろ）」を指します。江戸深川や京坂の遊里では、抱えの遊女のことを「子ども」と言っています。そもそも「子ども」は、「おとな」に対して「年のいかない幼いもの」、「一人前」に対して「発展途上で、行動が幼く思慮が不足しているもの」と言った意味でしょうが、それぞれの集団や場面で、具体的な一定の立場の人たちを指していることが少なくありません。

また、「老」が二・三十代だったように、私たちが持っているその言葉のイメージと実際の姿の〝ずれ〟が大きい場合があります。ともすれば見逃しがちですので、文書全体を理解し歴史的な考察を深めるためにも、そういうことがあり得るのだと意識して注意する必要があります。

そもそも、村役人の「年寄」や幕府の「老中」は、「老人」を意味しているのではありません。村を束ねる庄屋や名主も、文書を読んでいると、二十代の人物がたくさん出てきます。文書や書物の中の言葉や表現を大切に、しかもそれらが何を表しているかを虚心に読み取っていかなければならないと思っています。

呉服商の店先（『広用算法大全』）

第三章

こんなに早い

第一節 一晩で綿入れと帯を仕立てる

本章では「こんなに早い」をキーワードに、古文書から読み取れる江戸時代の実像の一端に迫ってみます。

現代よりは、はるかにゆったりした時間が流れていたと思われがちな江戸時代ですが、物事が意外に手早く進んでいて〝こんなに早かったのか〟〝こんな仕組みが機能していたのか〟と思わせられることがあります。

まずは、前章で御紹介した白木屋文書から、日本橋店の奉公人のひとり、松田庄右衛門に関する文書を見てみましょう。

白木屋文書の中に、『明鑑録』と表紙に書かれた五冊の分厚い帳面があります。天保十（一八三九）年から安政六（一八五九）年にかけての史料で、何らかの不正を働いた奉公人たちの百二十件あまりの記録が載っています。事件後、店の吟味役たちが、本人や関係者などを取り調べて、その結果を記載したものです。松田庄右衛門は、その『明鑑録』に登場します。

勤めはじめて九年目の奉公人の松田庄右衛門は、嘉永五（一八五二）年正月二日の明け六ツ時（午前六時ごろ）、家出をしました。つまり白木屋を抜け出してしまったのです。半月後に見つかって店に連れ戻されてから、取り調べの中で本人が「白状」したところによると、「人々透間見合（ひとびとすきま、みあわせ）」、つまり他の奉公人たちの隙を狙って、表出口から店を出たとあります。

そこから彼は「行徳川岸（ぎょうとくがし）」に出ます。

行徳川岸（行徳河岸）は、日本橋店から一キロメートルほどの日本橋小網町三丁目にありました。江戸と行徳（現在の千葉県市川市）は、小網町の行徳河岸から小名木川（おなぎがわ）・新川を経て水路で結ばれていました。小名木川は、行徳塩（ぎょうとくじお）を江戸に運ぶために掘削されたものです。江戸と行徳の間を往来する船によって、塩だけでなくたくさんの荷物が運ばれ、多くの人も往き来しました。成田山新勝寺に参詣するなど、房総に向かう多くの人々がこの水路を利用しています。

さて、松田庄右衛門ですが、彼は行徳河岸から「壱番船」に乗りました。「行徳江罷揚（ぎょうとくえ、まかりあがり）」、つまり行徳に着いて船から陸にあがり、そこで「中飯致し（ちゅうはんいたし）」とあります。家出をしたこの日、正月二日の昼食は行徳でとったのですね。

かかった費用も書き出してあります。船には「行徳川岸、八幡屋長右衛門方」から乗ったとあり、「行徳迄罷越舟賃（ぎょうとくまでまかりこす、ふなちん）、酒手（さかて）とも」として、百二十四文を支払っています。行徳に着いてからの昼食代は、二百七十二文でした。腹ごしらえをした庄右衛門は、船橋宿（現在の千葉県船橋市）に向かいます。そして、午後三時ごろ船橋宿に着き、その夜「佐倉屋」に宿を取ります。

ここからが、興味深い記述が出てくるところです。文書を載せてみましょう。

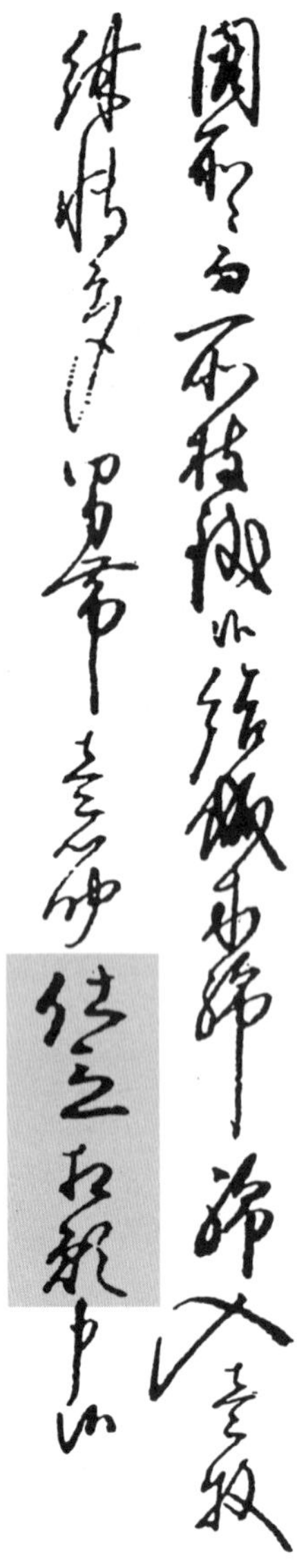

同所ニ而所持致候結城木綿綿入壱枚、紺博多男帯壱筋、仕立相願申候、

どうしょにて、しょじいたしそうろうゆうきもめん、わたいれいちまい、こんはかたおとこおび、ひとすじ、したてあいねがいもうしそうろう、

「同所」というのは、船橋宿の佐倉屋。

その佐倉屋に、「仕立（したて）」を頼んだとあります。

何の仕立でしょうか。二品あるようです。

「所持致候（しょじいたしそうろう）」と書かれているのは、「庄右衛門が持っていた」ということですが、何を持っていて何に仕立てるというのでしょうか。そもそも、なぜ持っていたのでしょうか。そのあたりの事情を、文書から読み取ってみると次のようなことになります。

庄右衛門は、店を抜け出した時に、次の品々を風呂敷に包んで持ち出しました。
・結城木綿弐反（ゆうきもめん、にたん）
・花色真岡弐反（はないろ、もおか、にたん）
・紺博多男帯壱筋（こん、はかたおとこおび、ひとすじ）
これが、先ほどの「所持致候」に対応しそうです。

この中の結城木綿を使って、綿入れに仕立ててもらおうとしたのですね。同様に、帯地壱筋分を帯に仕立てるように頼みました。

頼まれた佐倉屋は、どうしたでしょうか。

文書は、次のように続いています。

翌三日同所ニ而案内壱人相頼、昼時ゟ出立致し、

よくみっか、どうしょにて、あんないひとり、あいたのみ、ひるどきよりしゅたついたし、

翌日の正月三日の昼時に、庄右衛門が船橋宿を出立したことがわかります。家出の旅であるにもかかわらず、佐倉屋に案内人を見つけてもらって連れて出たようです。目的地への道が不案内だったのでしょう。

ところで、綿入れと帯はどうなったのでしょうか。文脈から言って、前日に頼んだものが翌日の昼までにはもう仕上がっていて、それを身に着けるか、あるいは持って出たと考えられます。仕立代の金二朱と銀五匁を支払ったことが、後の方に記載されていました。

ここで注目しておきたいのは、宿場にはそういう機能があったということです。船橋宿の佐倉屋は、反物を預って衣類に仕立てることを請け負っています。仕立てることができる人たちを佐倉屋内あるいは宿場内に抱えていて、急な要請に応えられるようになっているのでしょう。衣類の調達は、旅人が長旅を続ける上で必要なことでした。宿泊客に便宜を図って、翌日に宿を出るまでに一晩で仕立てたり繕ったりするのは、旅籠の大切な役割のひとつだったのでしょう。

佐倉屋だけでなく他の旅籠でも、また船橋宿だけでなく他の街道の宿場でも、おそらく同様のことが行われていたと思われます。

道案内人を紹介するのも、同様に宿の役割の一端だったのでしょう。

佐倉屋へは、先ほどの仕立代の他に、金一分と銭五百文が支払われています。内訳には、〝女郎・酒肴・泊り代とも〟に続いて、〝もっとも、やむを得ず案内人をひとり頼んだ〟と書かれてありますので、佐倉屋への紹介料に当たるものも含まれていたのでしょう。

庄右衛門は、この案内人と一緒に、登戸宿（のぶとしゅく、現在の千葉市中央区）、東金宿（とうがねしゅく、現在の東金市）などを旅し、目的地に近い剃金村（そりがねむら、現在の長生郡白子町剃金）まで行きます。その隣村の牛込村（うしごめむら）の「三郎兵衛殿方」が目指す所で、五日に到着しています。

九十九里浜に近いこの地まで先導してもらいながら、途中途中では、

案内人同々（同道）二而中飯代相払申候、
あんないにん、どうどうにて、ちゅうはんだい、あいはらいもうしそうろう、
供同々（同道）二而酒肴泊代相払申候、
ともどうどうにて、しゅこう・とまりだい、あいはらいもうしそうろう、

とあるように、昼食代・宿泊代・酒肴代など二人分の費用を庄右衛門が支払っています。
そしてさらに、案内人を「差返し（さしかえし）」た時には、船橋宿から剃金村まで案内した一月三日から六日までの「祝義・駄賃とも」として、金二朱と銭一貫五百文を渡しています。

ところで、文書には、船橋宿の〝さくらや〟が、「佐倉屋」とも「桜屋」とも書かれています。庄右衛門の供述に基づいて彼の行動が書かれた本文には「佐倉屋」と書かれ、その後ろの金銭の書き出しの箇所には「桜屋」と書かれたりしています。固有名詞でも色々な字で書かれることがあるとお話ししましたが（一九頁）、ここでもそうです。

その後の庄右衛門の様子が気にかかります。

そもそも、「三郎兵衛殿」は、白木屋のお得意様です。江戸に出て日本橋店で買い物し

た時に、牛込村とその近辺の海浜がとても賑わっていて非常に景気がよいという話をしたようです。庄右衛門は、その郷土自慢の話に惹かれて、店を出て牛込村に向かいました。しかし、「家出をしてきました」と、本当のことを言うわけにもいきません。「このたび近くに参りましたので、しばらくの間、逗留させていただきたい」とお願いしています。〝商用で近くまで来ましたので、繁栄している御当地を見物がてら、しばらく泊らせてください〟と頼んだ、ということでしょう。

そして、三郎兵衛さんの好意に甘えて、七日から十三日まで厄介になっています。第一章で御紹介した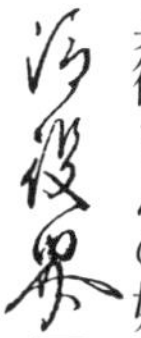「御役界（御厄介）」（一八頁）は、ここに出てきました。しかし、いくら何でも、それ以上長居をするのは気が引けたようです。何か目的があって来たわけでもありません。三郎兵衛さんに御礼を渡し、江戸に戻ってきた所を見つかって、十八日に白木屋に連れ戻されました。しかも、昼間にうろうろ歩いていたら人目についてしまうと思って芝居見物をしていたところ、かえって「人目ニ付」いてしまって、店に知らせが行き、店から人が来て連れ帰った、とあります。

『万歳記録』という他の帳面から、さらにその後の彼の消息がわかります。

「法外之心得違（ほうがいの、こころえちがい）」であるとして解雇されてしまいました。正月二十九日に江戸を出立し、故郷に帰されています。日本橋店に連れ戻されてから、十日余り後のことになります。店の大切なお得意様に大変な迷惑をかけたのですから、白木屋にとっても、ただの家出では済まされない重大な事件だったのだと思われます。

宿（しゅく）の歴史は、律令制による駅（えき）の制度までさかのぼることができます。古代・中世を通じて、その担い手や制度は移り変わっていきました。これらについては、児玉幸多編『日本交通史』（吉川弘文館、一九九二年）などで学べます。

江戸時代になり、街道や宿場がさらに整備されていきました。宿場の大きな役割は、幕府の公用の書状などを運ぶために宿場ごとに定められた数の人馬（伝馬・人足）を常に用意しておくこと（公用人馬継立て）です。参勤交代などによる交通量の増大によって、宿ごとに指定されている付近の村々から人馬を補充する助郷制度（すけごうせいど）も、農民への税の一種として大きな負担になっていきます。問屋などが宿役人として宿場を取り仕切り、大名の通行のために本陣や脇本陣などが設けられました。

これら幕府や藩などの交通の他にも、もちろん一般の人たちも宿場を利用し、また荷物を輸送しました。江戸時代の初期には、食糧を携帯して燃料だけを買って煮炊きする木賃宿（きちんやど）が多く、十七世紀末ごろには食事を提供する旅籠（はたご）が一般的になったと思われます。

松田庄右衛門が泊った、船橋宿の佐倉屋（桜屋）もそのような旅籠のひとつでした。そして、旅籠は、ただ旅人を宿泊させて飲食を提供するだけでなく、翌日までに必要な衣類を一晩で素早く仕立てたり、旅の道案内人を紹介したりするなど、旅に必要な多様な機能を備えていることがわかりました。

『明鑑録』の他の奉公人の例では、白木屋から大量の商品を持ち逃げし、それを東海道のいくつかの宿場で旅籠の女郎を通じて質屋に入れて現金化し、路用に充てています。

いろいろな古文書を読みながら、驚いたり、納得したり、感心したり、あきれたり、現在と基本的には少しも変わらないと思ったり、逆にあまりにも違うことにびっくりしたり、それらを重ねて考察していくうちに、古文書に基づく江戸時代の姿が少しずつ見えてくる気がします。

第二節　大火後九日目に仮店舗で営業開始

本節では、『大火演舌書』という帳面から読み取れる〝こんなに早い〟を御紹介したいと思います。

第一章で、「演説」ではなくて「演舌」という面白い表現がある、というお話をしました（一〇頁）。この帳面の表紙には、左のように書かれています。

この文書は、文政十二（一八二九）年四月に書かれました。

白木屋の第八代当主大村彦太郎経全が、江戸に下る田村幸七に持たせたものです。当主自身は京都の本店（ほんだな）にいて、自分の名代を江戸日本橋店に遣わし、奉公人たちの前でこれを読ませました。

京都の本店と江戸日本橋店は、頻繁に書状をやり取りしていました。しかし、特に必要な時には、名代を送っています。この場合は、「大火」という大事変があったためであり、文書は「一、此度出火大変ニ付（ひとつ、このたび、しゅっか、たいへんにつき）」と書き始められています。

「此度」とは、この文書が書かれた前月の文政十二年三月二十一日のことです。その日、江戸佐久間町から出火した火災が、強風のために燃え広がり、日本橋・京橋・芝の一帯が類焼してしまいました。日本橋の橋も焼け落ち、白木屋の店舗も類焼しています。

この大火について、主人は文書で次のように述べています。

希代之天災恐入、絶二言語一候事ニ候、

きたいのてんさい、おそれいり、げんごにぜっしそうろうことにそうろう、江戸は火事が多い町でした。特に被害の大きさから、明暦の大火（明暦三年・一六五七）、目黒行人坂の大火（明和九年・一七七二）、芝車坂の大火（文化三年・一八〇六）を、江戸の三大大火と言っていますが、その他にも多くの大火がありました。

建物が木造で、主として木や竹や紙でできていたため、火が出てしまうと風とともにあっという間に燃え広がりました。二・三年に一度は大火と呼ばれる火事に見舞われています。冬は北西の風、春は南西の風で火災は帯状に拡大し、飛び火し、千戸単位で延焼していきました。文政十二年三月のこの火事でも、文書では次のように述べられています。

何分大風ニ而火勢烈敷、不レ及ニ人力一、当店類焼いたし候儀者

なにぶん、おおかぜにて、かせいはげしく、じんりょくおよばず、とうたな、るいしょういたしそうろうぎは、

この時も大風で、押し寄せてくる火の手が非常に激しく、とても人間の力では太刀打ちできず、日本橋店が類焼してしまったことがわかります。これが、主人が「希代の天災」（めったにないような天災）と述べるような状況だったのですね。

そして、このこと自体は大変残念であるけれども「世間一統之儀」、つまり〝どこもみな同じように焼け出されてしまったのだから、しかたがないことだ〟と、述べています。

さらに主人は、次の二点について「誠ニ以難レ有事、致ニ安堵一候（まことにもって、ありがたきこと、あんどいたしそうろう）」と言っています。

①奉公人たちみんなの懸命な活躍によって、土蔵に少しも別条がなかったこと。

②ひとりの怪我人も出なかったこと。

店舗は焼けてしまっても、土蔵は残ったのですね。しかも奉公人たちは、だれひとりとして怪我をしていません。主人としては、これらのことに、ほっと安心しています。

土蔵が残ったということは、商品が失われなかったということです。火事が頻繁にある江戸では、店舗が焼けてしまうのは、ある意味しかたのないことでした。火事になると、とにかく商品や重要書類を守ろうとしました。「火事之砌（かじのみぎり）」は「銘々之諸役混乱（めいめいのしょやく、こんらん）」しないように勤めること、と店の規則書にあります。つまり、火災時のそれぞれの役割が決められていたのです。そして、それぞれの持ち場で混乱なく落ち着いて行動するように定められていました。

自分の所から火事を出さないことも重要です。奉公人全員が、朝夕に火の用心に気をつけるようにと、多くの規則書に書かれてあり、毎夜「夜番之衆（よばんのしゅう）」が店内はもちろんのこと、蔵々の中も見まわっています。

享保十七（一七三二）年の絵図面によると、店内に地下への穴蔵口があり、その他にも大蔵・南蔵・東蔵・西蔵など複数の蔵がありました。いざという時には、これらの中に手際よく商品や帳簿類を封印しました。文化三（一八〇六）年から慶応二（一八六六）年までの六十年ほどの間に、白木屋日本橋店は六回も類焼しています。そのたびごとに、商品や帳簿を手早く穴蔵や土蔵にしまい込み、蓋や扉を閉めて、濡らした砂や土や布などで入念に密閉したと思われます。この時の火災でも、首尾よくそれに成功したのですね。

白木屋の火災に関しては、由井常彦氏・小川幸代氏の「江戸時代商家の災害と対策の研究―日本橋・白木屋について―」（『文京女子大学経営学部経営論集』第9巻第1号、一九九九年）での論考が、とても参考になります。

さて、『大火演舌書』に戻って読んでいきましょう。ここからが「こんなに早く」です。

右混乱疲れ之中より、即刻仮家普請取掛り、

みぎ、こんらんづかれのなかより、そっこく、かりやぶしん、とりかかり、

奉公人たちが、火事の混乱でへとへとになっていながらも、ただちに仮設店舗の建築に取り掛かった、ということがわかります。商品さえ焼け残っていれば、そして売場さえあれば、商売はすぐにでも再開できます。そして、すべてを焼かれてしまった江戸の人たちも、それを待ち望んでいたのです。『大火演舌書』の続きを読んでみましょう。

不日ニ成就いたし、去ル二日、就二吉辰一見世開致され候処、
ふじつに、じょうじゅいたし、さるふつか、きっしんにつき、みせびらき、いたされそうろうところ、

仮設店舗が「去ル二日」にできあがって、販売を再開したのですね。「吉辰（きっしん）」は吉日のことです。「不日（ふじつ）」は、〝まもなく、日ならずして、幾日もたたずに〟といった意味です。

この文書が書かれたのが四月ですので、「去ル二日」は、四月二日と考えられます。大火は、三月二十一日から二十二日にかけて、江戸に猛威をふるいました。文政十二年の三月は小の月で二十九日までしかありません。大火翌日の二十三日から「即刻仮家普請」に取り掛ったとして、四月二日の店開きの日は九日目に当たります。確かに「不日」ですね。

白木屋は、隅田川を隔てた深川に倉庫を持っており「蔵屋敷」と称していました。その中には、商品だけでなく、非常の際の炊き出しに備えて米・味噌・醤油などの食料品まで貯蔵されていました。もちろん、再建のための建築資材も置いていました。店舗が焼けてしまっても、穴蔵・店蔵・深川の倉庫などの施設に残った商品や食料や建築資材があったからこそ、大急ぎで仮店舗を出して、営業を再開できたのです。

もちろん、奉公人たちは大忙しだったと思われます。

深川の「蔵屋敷」から、商品や物資を次々に運んだでしょう。日本橋店の穴蔵や蔵々も、じゅうぶん熱が冷めたころを見計らって順次開けていって、商品を確認していったでしょう。お得意様をまわって、その安否を確かめながら火事見舞いをする、ということも行われていたでしょう。

白木屋に限らず、江戸のあちこちで人々が忙しく動き、槌の音が響いていたと思われます。江戸の人たちは、焼け出されたとたんに立ち上がっていた、と言えるかもしれません。

再開した白木屋日本橋店に、お客様たちは殺到しました。

物買衆、賑々鋪御入込、一統勇間敷商内事被レ致候段、追々書面に被二申越一、

ものがいしゅう、にぎにぎしくおいりこみ、いっとう、いさましく、あきないごと
いたされそうろうだん、おいおいしょめんにもうしこされ、

待ちかねていた「物買衆」（お客様たち）が、以前と同じように大勢来店し、奉公人たち一同が勇んで商売をしている様子が目に見えるようです。

そもそも、これらのことを、京都にいる主人がどうして知っているのでしょうか。そのわけが「追々書面に被二申越一」ですね。〝火災で類焼してしまいましたが、蔵は残りました。怪我人もいません〟からはじまって、〝仮設店舗で営業を再開し、千客万来です〟まで、江戸からの書状が何度も京都本店の主人のもとに届いたのでしょう。

相変わらずの店の賑わいに、主人は「大悦不レ過レ之難レ有事（たいえつ、これにすぎず、ありがたきこと）」として、奉公人たちに大満足の意思を伝えています。店舗の消失後、いかに早く商売をはじめられるかは、白木屋に限らずどの店にとっても盛衰を賭けた重大事でした。十日足らずで再開できた日本橋店を、当主がとても評価しているのもわかります。奉公人たちの努力をじゅうぶん認めた上で、他の店々に負けないようにいっそう油断せず励むようにと発破を掛けています。

『大火演舌書』の中で、主人は「当店、本普請建

方之儀（とうたな、ほんぶしん、たてかたのぎ）」つまり、日本橋店の本格的な店舗再建の工法についても、指示を出しています（拙著『江戸奉公人の心得帖―呉服商白木屋の日常―』新潮新書、二〇〇七年）。

これらのこと、およびここに書ききれなかったことも含めて  「幸七より諸事演舌可レ被レ致候間（こうしちより、しょじ、えんぜつ、いたさるべくそうろうあいだ）」、「一統能々承知可レ被レ成候事（いっとう、よくよくしょうち、なさるべく、そうろうこと）」で文書は終わっています。

やはり、田村幸七は、主人の名代として奉公人一同の前で「演舌」していたのですね。江戸の大火の時の店の素早い復興の様子を、文書を通して見ることができました。

大工の仕事振り（『算法図解大全』）

第四章

こんなにきちんと

第一節　浮物は二十分の一、沈物は十分の一

～漂流船救出の際の報酬は決まっていた～

まわりを海で囲まれた日本は、人の移動や物資の輸送に船を使うことが多く、江戸時代にも多くの船が行き来していました。漁船、年貢米を運ぶ船、酒や醤油を運ぶ船など、古文書からその詳細を知ることができます。

造船技術も観測技術も、現代のようには発達していなかった江戸時代のことですから、航海は天候に左右されることが多く、いつも漂流や難破を覚悟しての出港だったでしょう。実際、漂流の様子や、救助された時の具体的な姿がわかるような文書が残されています。

ここでは、一艘の漁船の例を見てみましょう。

この船は、寛政五（一七九三）年七月六日の「明七ツ」（午前四時ごろ）、現在の銚子市の河口の浦から「鰹漁業」に出た船頭・水主（かこ、船乗り）合わせて五人が乗った漁船でした。文書からその後の動きを読み取ると、次のようなことがわかります。

その日、「昼四ツ」（午前十時ごろ）から北風が吹き出して、漁が困難になったので戻って

きたところ、「銚子口波高ク」漁船を乗り入れることができなかった、とあります。仕方なく「房州九十九里」で上陸しようとそれを目指して漕いだにもかかわらず、ますます風波が強くなるばかりで、船は流されてしまいます。

翌日の七日は「殊外成大時気ニ而（ことのほかなる、おおしけにて）」、つまりとてもひどい「時気（しけ）」（時化）でした。水主たちの必死の努力にもかかわらず、風と波に翻弄されて船は流され続けます。

翌七月八日は東風の時化で、それがだんだんひどくなり、午前十時ごろに一段と強い風波を受けて、船は瞬時にひっくり返ってしまいました。「乗組之者、散り〱に相成（のりくみのもの、ちりぢりにあいなり）」とあり、五人が海に投げ出されて、散り散りになってしまったことがわかります。彼らはやっとの思いで船にしがみつきますが、気の毒なことに「水主之内、清吉と申者相見江不レ申、溺死致候由（かこのうち、せいきちともうすもの、あいみえもうさず、できしいたしそうろうよし）」とあります。

あとの四人の様子は、次のように書かれています。

十死一生之躰二而風波を相凌、

じっしいっしょうのていにて、かぜなみを、あいしのぎ、

〝九死に一生を得る〟よりさらに厳しい状態だったのを、何とか乗り切ったのが伝わってくるような表現です。

翌九日の「明六ツ時分」（午前六時ごろ）に「山」が見えた時には、どうかあそこに流れ着いて命が助かりますようにと「諸神江立願（しょしんえりつがん）」、神々に祈ったと書かれてありますので、その必死の思いがわかります。

そのかいあってか、彼ら四人は「昼四ツ時分」（午前十時ごろ）に幸い救助されました。そもそも、これまでの漂流の経緯も、彼らが救助されたからこそ、そして救助後に彼らの口から語られた内容が文書に記載されたからこそ、私たちもその経過を知ることができたわけです。

今御紹介している、この文書の表題には、次のように書かれています。

「浦証文之事（うらしょうもんのこと）」、ですね。

「浦証文」は、海難事故が発生した時の〝海難証明書〟とでもいうべきものです。救助処理をした側の責任者が書き、そのまた上の役所が認証しています。救助された人たちも救助した人たちも、何の不正もせず何の手落ちもなかった、ということを後々のために書き記したもので、救助された側の村の名主や船主に宛てて出されました。「浦証文」は、「浦切手」「浦手形」などとも書かれます。

さて、私たちが読んでいる「浦証文之事」に記載されている船頭と水主たちは、伊豆大島で救助されました。

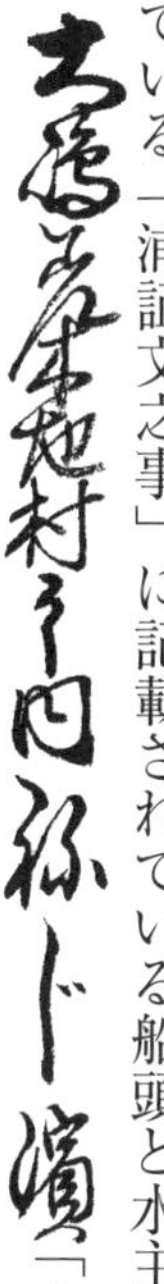

「大嶋差木地村之内ねじ浜（おおしま、さしきじむらのうち、ねじはま）」の沖に小舟が一艘流れ漂っているのを、島民たちが山から見つけました。そして、大勢の人たちが引き綱を持って泳いで行って、船も人も陸まで引っ張ってきました。大島の人たちは、付近を流されている船を、そのようにしてたびたび助けていたのかもしれません。四人には早速飲食物が与えられ、介抱も

受けました。

「危キ命、相助り候（あやうきいのち、あいたすかりそうろう）」というのは、まさに実感だったのでしょう。

翌七月十日には、「船頭・水主乗参候漁船（せんどう・かこ、のりまいりそうろうぎょせん）」つまり、暴風雨に耐えて彼らをここまで運んできてくれた傷ついた漁船を、「差木地村内波浮と申所江相廻シ（さしきじむらのうち、はぶともうすところえ、あいまわし）」とあり、助けてくれた島の人たちが、波浮の港に漁船を移動させてくれたことがわかります。

そして、そこで、船頭・水主立ち会いのもと「諸道具」を調べて、それらを残らず船頭・水主方に渡した、とあります。

その「諸道具」の品々は、六品。文書の中に、その六品が「一つ書き」されています。何がどのように記載されているのか、最初の二つを挙げてみます。

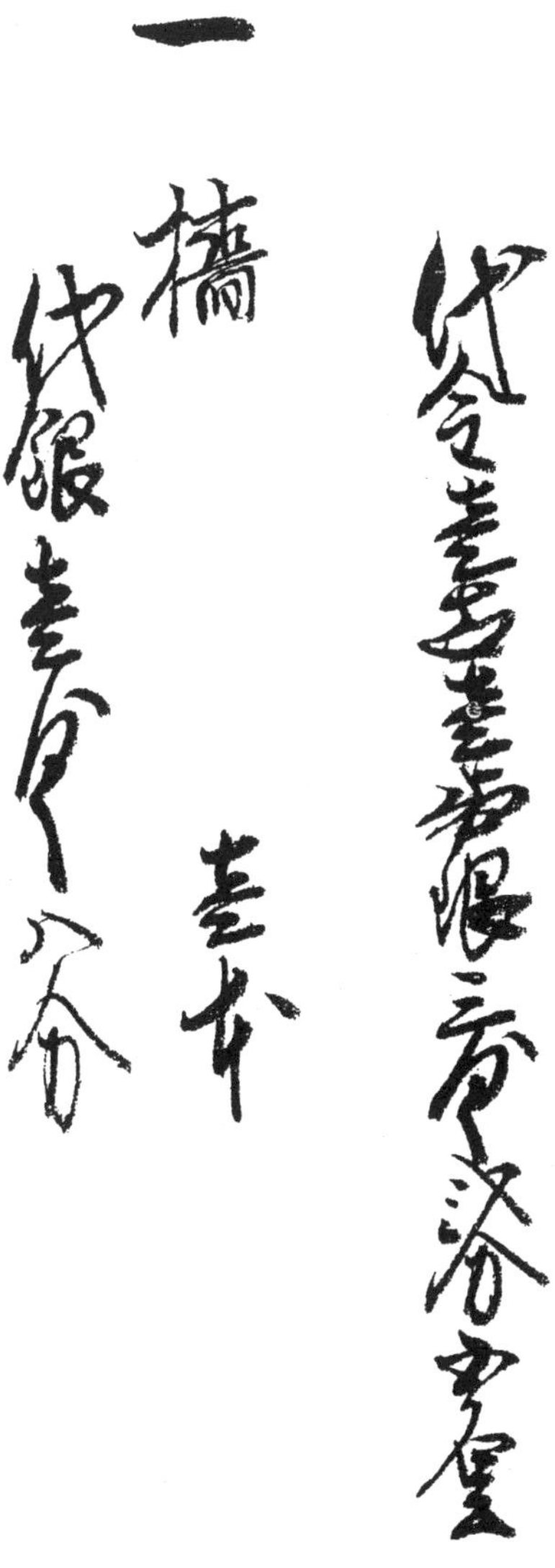
代金壱両壱歩銀三匁弐分五厘
一　檣　壱本
代銀壱匁八分

一、漁船　　壱艘
代金壱両壱歩銀三匁弐分五厘

ひとつ、ぎょせん、いっそう、
だいきんいちりょういちぶ、ぎんさんもんめにぶごりん、

一、檣　　壱本
代銀壱匁八分

ひとつ、ほばしら、いっぽん、
だいぎんいちもんめはちぶ、

漁船と檣（ほばしら）以外の四品は、何だったのでしょうか。

それは、梶（かじ）と艪（ろ）、そして、苧綱（おづな）の切れた物と、御座帆（ござほ）の切々少々です。遭難者たちが命からがら乗ってきた漁船と、その船具だとわかります。これら六品が、助けた島民たちから彼ら四人に引き渡されたわけです。

ところで、そのそれぞれに代金が書かれているのはなぜでしょうか。

それは、文書を読み進めていくとわかります。

四人の遭難者たちは、これら六品を国元江持参「国元江持参（くにもとえじさん）」せずに所払ニ致度旨「所払ニ致度旨（ところばらいに、いたしたきむね）」を願ったので、入札「入札（いれふだ）」をした、とあります。つまり、漁船や櫓などを大島で売り払いたいと希望し、その願いにそって島民たちが入札をしたわけです。島の漁民たちが漁船をはじめとする品々を買って、修理して再利用していたことがわかります。

つまり、漁船は金一両一歩（分）と銀三匁二分五厘で落札した。櫓は、銀一匁八分の値をつけた人が手に入れた、というわけです。

・六品の落札価格の合計は………金一両三分と銀十四匁二分五厘です。

・ところが、彼らが実際に手に入れたのは……金一両三分と銀七匁九分五毛でした。

その差は、銀六匁三分四厘五毛。これは、何でしょうか。

文書を読んでみると、この銀六匁三分四厘五毛は、救助した島民たちが受け取った額だということがわかります。つまり、品々を海から拾い上げた手間賃、報酬ということになります。しかもこの金額は、どちらかが適当に決めたわけでもなければ、両者が相談して折り合ったわけでもありません。きちんとした計算方式で算出されています。

文書の中に次のような記載があります。

沈物、壱口、拾分一ニ請取申候

（しずみもの、ひとくち、じゅうぶんのいちに、うけとりもうしそうろう）

浮物、五口、弐拾分一ニ請取申候

（うきもの、ごくち、にじゅうぶんのいちに、うけとりもうしそうろう）

落札された六品のうち、一品は「沈物」。つまり、海に沈んでいました。沈んでいたので、引き上げるには、手間がかかったでしょう。ですから、報酬は落札価格の十分の一です。

あとの五品は、浮いていました。「浮物」です。沈んでいるものより回収するのは楽ですから、手間賃は二十分の一です。

文書を検討すると、沈んでいたのは苧綱の切れた物（落札価格、銀七匁六分五厘）であることがわかりました。これだけが十分の一、あとの五品は二十分の一で計算すると、見事に計算があいます。

これら六品は、遭難者たちが売り払って現金化することを望んだわけですが、一品だけ持ち帰ることを願ったものがありました。それは、次のものです。

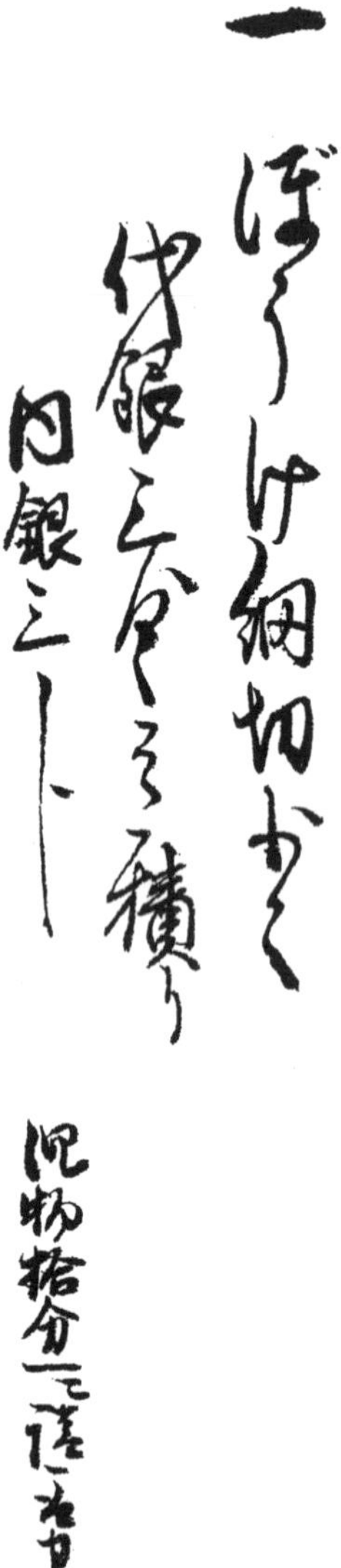

一、ぼうけ網切少々
代銀三匁之積り

内銀三分　沈物拾分一ニ請取申候、

ひとつ、ぼうけあみきれしょうしょう、
だいぎんさんもんめのつもり、
うちぎんさんぶ、しずみもの、じゅうぶんのいちに、うけとりもうしそうろう、

「ぼうけ網」は「棒受網」で浮敷網のひとつ。江戸時代にも鰯や秋刀魚などの漁に使われていた網です。銚子の漁民たちは、これは持ち帰って再び漁で使おうと思ったようです。

ここに書かれている「積り」という表現が、とても面白いですね。「ぼうけ網切少々」は、遭難者たちが持ち帰りますので、入札をしません。したがって、落札値段もないわけですが、海から引き揚げたのですから、お礼はもらわなければなりません。そこで、一応「銀三匁」と値踏みしたようです。

そして、この網は「沈物」だったので、銀三匁の「十分の一」の銀三分を、島側が報酬として受け取ったことがわかります。おそらく、先ほどの六品で受け取ることになっていた額から銀三分を引いた額を、遭難者たちは受け取ったのだと思われます。

このような計算方法は、この場合に限ったことではありません。

海難の救助報酬を、沈物は十分の一、浮物は二十分の一とするという取り決めは、幕府

の法令で定められたものでした。川船の場合には、沈物が二十分の一、浮物が三十分の一でした。これは、寛永十三（一六三六）年八月に規定されたものです。その後、種々の追加や補足を加えながら、津々浦々に救助に関する法令が通達されています。各地で遭難した船が救助された時、ばらばらの対応を受けたのではなく、統一された対処方法の原則があったわけです。もちろん、それがその通り実行されたかどうか、また沈没船に不審な点がなかったかどうか、などは個々の例によって異なります。

海難救助に関しては、金指正三著『近世海難救助制度の研究』（吉川弘文館、一九六八年）で、多くを学ぶことができます。

私たちが見た大島での救助のケースでは、法令にのっとった処理がなされていました。幕府代官の江川太郎左衛門支配の伊豆国大島で、寛政五（一七九三）年七月の時点で、取り決めが守られていたという実例を文書から見ることができました。浦方の村々には難破船救助を義務づける、そして難破船を救助した場合にはその報酬は一定に保証される、という原則を持った社会だったのです。

銚子の四人の遭難者たちは、救助されてから二週間後に、江戸に向かう大島の船に便乗させてもらって帰りました。その時「ぼうけ網」を積み込んだ、と文書にあります。

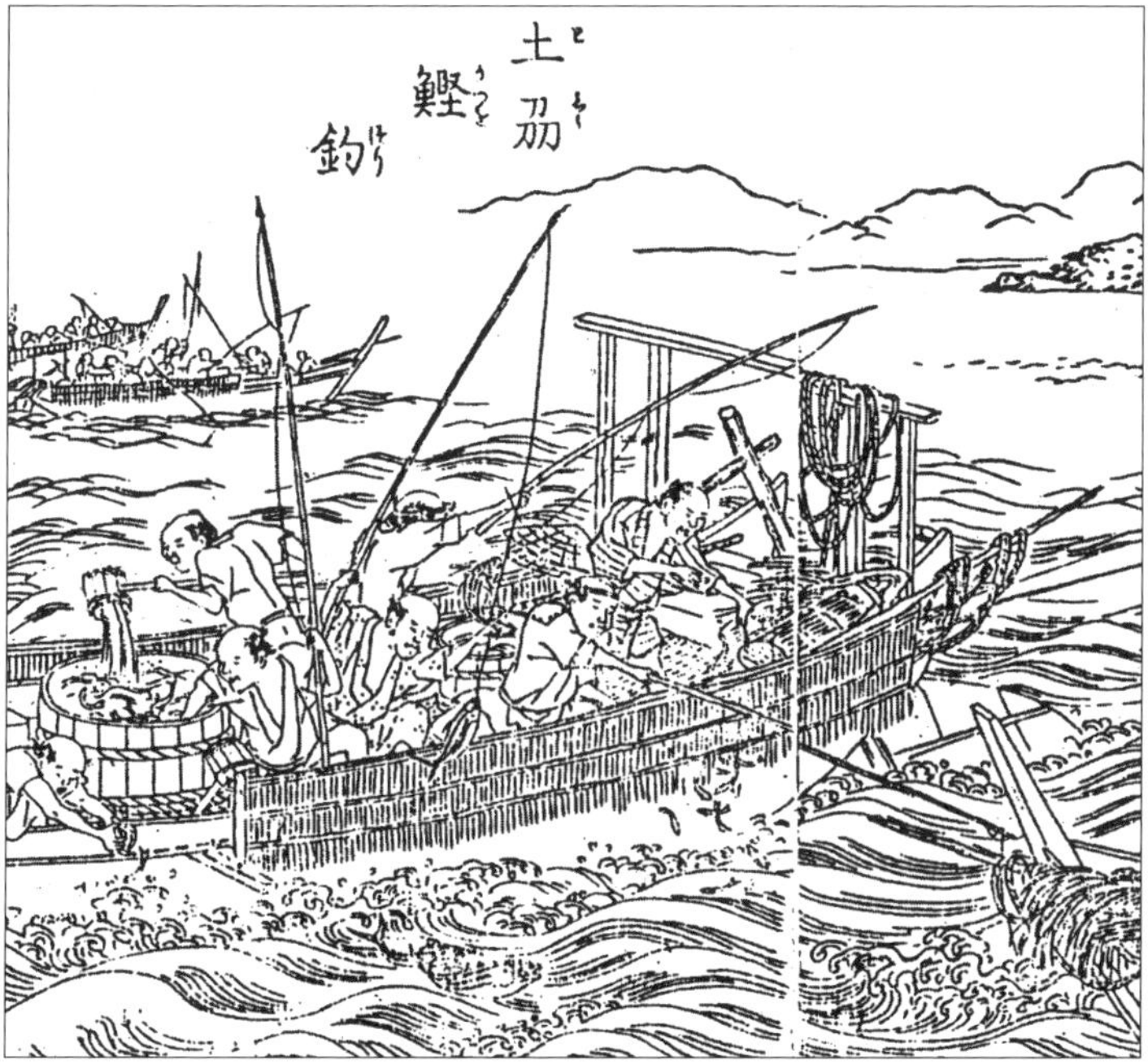

鰹の一本釣り（『日本山海名産図会』）

土佐の棒受網（『日本水産捕採誌』）

第二節　出奔人を捜す期限

〝欠落（かけおち）〟は男女二人でするとは限らない、というお話をしました（第二章第二節）。自分が本来いなければならない場所から無断で飛び出すことが「欠落」で、人数も性別も事情も様々でした。また、「出奔（しゅっぽん）」「不図出（ふとで）」「風与出（ふとで）」などと書かれている場合も、「欠落」と同様の意味を表し、いずれも失踪してしまったことを意味するのでした。

ところで、出奔してしまった人間のことを、残された人たちは捜し出そうとしたのでしょうか。それとも、放っておいたのでしょうか。捜したとしたら、だれがどのように捜したのでしょうか。

村を出奔した利助さんを例にとって見てみることにしましょう。

山城国相楽郡西法花野村（やましろのくに、そうらくぐん、にしほうけのむら・現在の京都府木津川市山城町上狛）の利助さんは、天保十四（一八四三）年三月二十七日に村を出奔してしまいました。彼については、出奔の事情・村の対応・帰村の様子・その後の暮らしぶりなどを、十数点の関連文書から明らかにすることができました。

出奔後に村に舞い戻ってから、願い出て帰住（村に帰って住むこと）を許された文書には、次のように書かれています。

太切之御高地を捨置、加レ之母を捨置出奔いたし候段、不埒之至ニ候、

たいせつのおたかちをすておき、これにくわえ、ははをすておき、しゅっぽんいたしそうろうだん、ふらちのいたりにそうろう、

「太切」は「大切」でした（一四頁）。〝年貢を納めるべき大切な田畑を、不届きなことにうち捨てて〟といった意味ですね。母親も残して、村を出ていったと書かれています。

帰村後の本人の口書（くちがき・取り調べの時に供述したことを書き留めた書類）には、「家内六人」（家族六人）とあります。利助さんと母、それ以外はだれでしょうか。ありがたいことに、宗門改帳と突き合わせることができて、利助さんの家族構成がわかりました。

利助	三十一歳
妻みと	二十八歳
男子（息子）寅松	六歳
女子（娘）かめ	三歳
義妹なら	二十二歳
母きさ	五十五歳

母だけでなく、妻と二人の子ども、義妹も置いて出たことがわかります。

口書には、出奔理由も述べられています。

それによると、彼は五石八斗二升の高持ちです。農作業をしながら、合間には

「綿小商内（わたこあきない）」を行っていますが、借財があり、

「従来難渋ニ相暮（じゅうらいなんじゅうにあいくらし）」と書かれています。「農業をしながら、綿を扱う商売も小規模にしてきましたが、出奔以前から借金があり、生活が苦しかった」と述べているのです。

その借金がどのぐらいあったかは、これとは別の文書からわかります。出奔の前日に書かれた文書によると、「当時借銀（とうじ、しゃくぎん）」つまり〝現在〟（三四頁）の借銀は、およそ四十貫匁と書かれてあります。これはかなりの大金です。現代で言えばいくらぐらいに当たるかは、何を基準にするかで違ってきて難しいところですが、ここでは金一両を九万円として計算してみましょう。金一両を銀六十匁で換算すると、銀四十貫匁は六千万円になります。これは「耕作稼（こうさくかせぎ）」だけで生じるとは考えられない借金で、利助さんは「綿小商内」を、かなり手広く行って金銭を動かしていたと思われます。

彼の口書には、「借金については、これまでも返済の努力をしてきましたが、近年は不作で収穫が少なく、商売の方は時期が悪いからか思ったように事が運ばなくて」とあります。つまり、農業も商売もうまくいかずに行き詰った状態だと弁明しています。

そのため、三月二十六日には、西法花野村としてその対策を決めたようで、庄屋・年寄連名で、付近十三か村をまとめる大庄屋（おおじょうや）に宛てた文書の下書きが残っています。それによると、所持している家屋敷・諸道具・田畑などを売り払って返済に充てる。その金額は借金総額の四分の一にしかならないけれども、よくよく心からお詫びをさせて、それで借金返済が済んだことにさせたい。彼は稲小屋に住んで「下作百姓其外稼筋（したさくひゃくしょう、そのほか、かせぎすじ）」で生計をたてる。つまり、小作人になり賃稼ぎもして家族を養う、というものでした。

この取り決めがあった翌日に出奔したというのは、利助さんとしては、村で決定された処置の内容に納得がいかず不満だったのだと思われます。

とにかく、彼は田畑も家族も残して出奔してしまいました。口書によると、その後再び村に戻ってくる六月十八日まで、付近の村々や京都七条などの知人や親戚宅を回って世話になっています。それぞれの場所で自分の事情を説明し、そこの家業を手伝っていました。そして、四か所目の村で、借金返済のめどが立ったとの情報を得て、それを伝えてくれた人物と一緒に西法花野村に戻りました。二か月半余りに及ぶ流浪生活に終止符を打ったことになります。口書で、彼は自分の非を詫び、これから心を入れかえて家業に精出すことを約束し、帰住を願い出ています。

さて、出奔の三月二十七日から帰村の六月十八日まで、村の方はどのような対応を取っていたのでしょうか。今度は、村側が書いた文書から読み取ってみましょう。

六月十九日の日付けの文書が残されています。これは、利助さんが村に戻った翌日に当たります。庄屋・年寄などの村役人が、大庄屋に宛てて、利助さんの帰住を願ったものです。

ここには、まず次のように書かれています。

一去ル三月廿七日朝ゟ出奔仕候付其段四月四日御訴奉申上候処御日限左之通

一、去ル三月廿七日朝ゟ出奔仕候付、其段四月四日御訴奉㆓申上㆒候処、御日限左之通、

ひとつ、さるさんがつにじゅうしちにち、あさより、しゅっぽんつかまつりそうろうつき、そのだん、しがつよっか、おうったえもうしあげたてまつりそうろうところ、おんひぎり、さのとおり、

利助さんが村を出たのは三月二十七日の朝です。そのことを村として「御訴」（ご報告）したのは四月四日だったことがわかります。この間の一週間ほど、利助さんが立ち寄りそうな所を内々に当たってみたり、帰ってくるかと待ってみたりしたのでしょう。その気配がないので、村としては公にせざるを得ず、四月四日に村役人たちから報告したことがわ

かります。

欠落（出奔）人が出ると、その所の町や村の役人は、奉行所、代官所に届け出ました。この場合もそのようにしたところ、「日限（ひぎり）」を左記のように仰せつかった、という意味です。つまり、利助さんを捜し出すために許された日程が、次に書かれているわけです。そこには、次のようにあります。

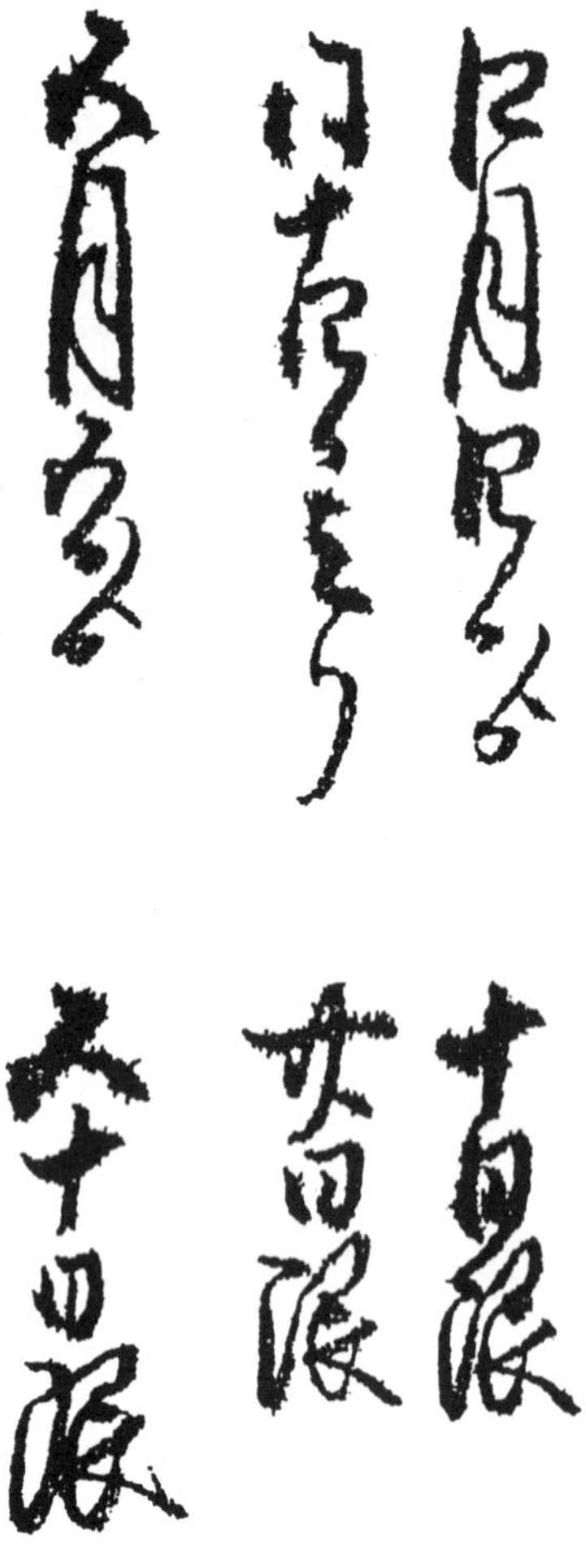

四月四日ゟ　十日限（しがつよっかより、とおかぎり）

同十四日より　廿日限　　　（どうじゅうよっかより、はつかぎり）
五月五日ゟ　　五十日限　　（ごがついつかより、ごじゅうにちぎり）

捜しはじめは、四月四日でした。その日から数えて「十日限」ですので、四月十三日までになります。これが第一期の捜索ということになります。

この間に見つけることができれば、その後の捜索はもちろん必要ないわけですが、次に第二期が書かれているということは、見つからなかったのですね。再度、許可を得て「廿日限」で尋ね捜していることがわかります。これが第二期の四月十四日から五月四日までということになります。

それでも見つからなかったので、さらに第三期が定められています。五月五日から「五十日限」ということは、六月二十四日までです。この期限が切れる少し前の、六月十八日に、利助さんは村に戻ってきたことになります。

このように日にちを限って捜すことを、「日限り尋ね（ひぎりたずね）」と言います。利助さんについては、十日間→二十日間→五十日間の日限り尋ねだったことが文書からわかりました。

一般的には、はじめに三十日を限りとして捜し、それでも捜し出せない時にはさらに三十日を限って捜索する、というように三十日間が六度まで延長されて、計百八十日間の尋ねが命じられました。また、幕府領の村では、はじめから百八十日限りの尋ねが命じられたとされています。しかし、実際に残されている個々の文書を読むと、利助さんの例に見られるように、時期によって、また領主側や村の事情によって、いろいろな例が見られます。

いずれにせよ、親類や村役人・町役人などが日限内に欠落人を捜し出すことを命じられたわけです。実際にだれがどのような捜し方をしたかは、個々のケースによって違うと思われます。農繁期であるか農閑期であるかによっても、捜し方や捜索にかけられる時間も違っていたでしょう。

利助さんは自分から戻って来ましたが、日限内についに捜し出せなかった時にはどうしたのでしょうか。永尋ね（ながたずね）が命じられました。これは、日限を定めずに永く捜すということで無期限（一応の期限は六十年）の捜索を意味します。しかし、実際にはそれ以上捜しようがないわけで、欠落人は宗門改帳から削除されて帳外（ちょうがい）になりました。戸籍からはずされた、ということです。この状態が、いわゆる無宿者（むしゅくもの）です。

欠落人（出奔人）に対しては、日限り尋ね→永尋ね→帳外、という図式がきちんと決まっていたことがわかります。

はじめに御紹介した口書で、村に戻った利助さんは次のように強調しています。

流浪中、悪事等仕候義者無二御座一候、

るろうちゅう、あくじなどつかまつりそうろうぎは、ござなくそうろう、

あちこちを流浪している間に、法に触れるようなことさえ起こしていなければ、欠落人は多くの場合帰住を許可されました。つまり、〝悪事を働かなかったか〟が、大きな判断材料になったのです。彼の場合も、罪科がなかったことが認められて、願い通り帰住が許されています。

複数の文書から、彼が村に舞い戻ってから帰住が許されるまでの過程を日付け順に追ってみると次のようになります。先にお話したように、天保十四（一八四三）年のことです。

六月十八日　夜、利助が村に戻る。

六月十九日　　村役人から「利助帰住願い」が出される。
六月二十日　　吟味を受けた利助の「口書」が書かれる。
六月二十六日　「翌日に出頭せよ」との差紙（召喚状）が来る。
六月二十七日　帰住許可の裁許がおりる。

村の文書でも町の文書でも、欠落人（出奔人）の記述を見かけます。その欠落人への対応が、各地の村々で勝手に行われていたのではなく、一定のルールに基づいて行われていたという意味で、本章の〝こんなにきちんと〟の中で取り上げました。一方、帰住に向けての対応を見ると、右に挙げたように、彼が村に舞い戻ってから十日もたたないうちに帰住の裁許がおりています。前章（第三章）のタイトルである〝こんなに早い〟の側面にも、じゅうぶん当てはまりそうです。

さて、村に戻った利助さんのその後を追ってみましょう。

彼のドラマは、まだ続きます（詳しくは、拙著『古文書はこんなに魅力的』柏書房、二〇〇六年、をお読みいただければ幸いです）。

出奔からちょうど二十年後、五十一歳の利助さんの姿がわかる文書を見つけることができました。そこには「請負大工、西法花野村、利助（うけおいだいく、にしほうけのむら、りすけ）」

とあります。利助さんは大工さんになっていたのですね。「百姓作間ニ綿小商内」からの転身です。しかし、これは本人にとっては不本意な転身でした。

出奔後、彼は結局すべての田畑を失い、まずは小細工職人になりました。さらに「近所隣」からの勧めに従って大工職になる願いを提出し許可を得ます。しかし、〝百姓に戻りたい〟という気持ちが止み難かったようです。出奔の二年後には、出奔中に売り払われてしまった田畑・家屋敷・諸道具の処分の仕方が不当だったと訴え出ました。少しでもいいから田畑を取り戻して、細々なりとも先祖の跡を相続して「土地之百姓」として暮らしていきたいと願い出たのです。しかし、その願いは叶いませんでした。

大工職としての利助さんは、西法花野村の庄屋の淺田家とかかわりの深い寺の作事や、淺田家の屋敷の修繕などを行っています。その関連の文書が残されたことにより、腕をふるって活躍している彼の姿を思い描くことができます。

その姿から、村落共同体の一員としてのひとりの人間のあり方を知ることができます。出奔後に田畑は失ったものの、帰住してから自分と家族が生きていく術は何とか得られて、そこで暮らしていけた例です。各地での個々のいろいろな事例を積み上げて、出奔をめぐる個人と共同体、そして領主側の思惑などを考察していく必要があります。

第三節　稲小屋出火の諸書類

ある村で火事がありました。いつどこから火が出て、どんな状況になったのでしょうか。この火事に関する文書は複数あります。下書きや写しを含めて、七種類・十一点の文書が残されています。

ひとつの火事について、少なくとも七種類の文書が書かれている（現在まで残らなかったものがあるという可能性を含めて〝少なくとも〟です）。これは、「出火に対して〝こんなにきちんと〟書類上の事後処理をしていた」というひとつの例証になりそうです。複数の書き手から、いろいろな情報が入ってくる期待も持てます。

〝だれがだれに対して、どのような書類を提出しているのか〟を知りたいですね。それぞれの内容や書かれた目的、また、七種類の文書がどのような関連性を持っているのか、なども明らかにしたいと思います。

事実関係を知るために、まず、ひとつの文書から読みはじめましょう。この文書を、**［文書A］**と名付けることにします。

一、今卯半刻、私方稲小屋出火仕候ニ付、

ひとつ、こんうのはんとき、わたくしかたいなごや、しゅっかつかまつりそうろう
につき、

「今卯半刻」は〝今日の午前七時ごろ〟。そのころに出火したとありますが、〝今日〟がいつのことか、ここからはわかりません。日付けは、文書の後ろに書かれていることが多いですから、先に後ろの方を見てみましょう。

「享和三亥年三月廿六日」。西暦で言うと一八〇三年、今から二百年以上前のことです。

この［**文書A**］だけではありません。書きかけで日付けが書かれていない下書きが一点ありますが、それ以外の六種類十点の文書が、すべてこの「享和三亥年三月廿六日」に書かれています。火事があった当日ですから、〝こんなにきちんと〟だけでなく〝こんなに早く〟だったことがわかります。

「私方稲小屋出火」とありますから、この文書の差出人の家の稲小屋から出火したようです。文書の末尾の名前を見てみましょう。

文書の差出人は「はる」でした。おはるさんが火事を出してしまったのですね。おはるさんも、前節の利助さん同様、山城国相楽郡西法花野村（やましろのくに、そうらくぐん、にしほうけのむら・現在の京都府木津川市山城町上狛）の住人です。この火事騒ぎは、利助さんの出奔事件より四十年前の出来事です。

［文書A］の表題は「乍レ恐口書（おそれながら、くちがき）」です。

文書の中には「出火之様子、御吟味被ニ成下一

古文書 くずし字目録

柏書房
〒113-0021 東京都文京区本駒込1-13-14
TEL.03-3947-8251 FAX.03-3947-8255
http://www.kashiwashobo.co.jp/

【価格税込】

これから古文書をはじめようという方へ

●ありえないほどにやさしい超入門書

古文書はじめの一歩

油井宏子【著】

A5判・二二四頁 一、八九〇円 978-4-7601-3318-5

現代のように街路灯などもない、三〇〇年近く前の山城国（現、京都府）の上狛村には、農民たちが村を守るために毎晩行なわなければならないきまりがありました。彼らはどのような方法で夜の村を守ろうとしたのでしょうか？

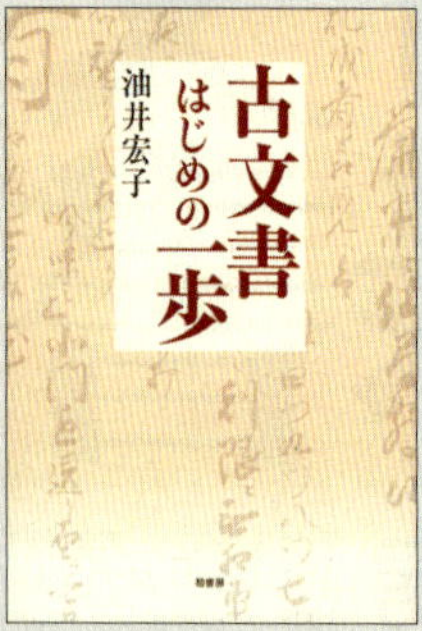

●自分だけの江戸を見つけてみませんか

江戸が大好きになる古文書

油井宏子【著】

A5判・二四〇頁 一、八九〇円 978-4-7601-3037-5

本書は江戸日本橋の大呉服商・白木屋が舞台。第一章では白木屋が作った五一か条の規則『永録』から、店と奉公人の姿を読み取ります。第二章では店を抜け出して故郷へ帰った嘉助が主人公です。八か月後に江戸へ戻ってきた嘉助が犯した過ちとは？

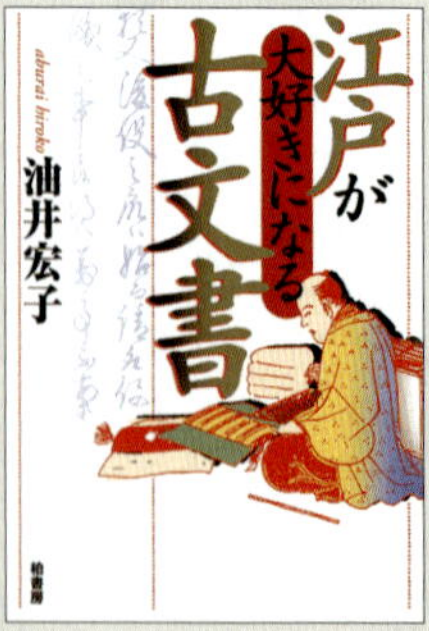

●読むほどに味わい深い古文書の魅力が堪能できます

柏書房編集部【編】　A5判・二八八頁　二、三一〇円　4-7601-2233-8

シリーズ第二弾。『200選』未収録の古文書判読の核となるくずし字五〇〇字をさらに厳選。それぞれの漢字ごとに異なるくずし方を二六〇〇例掲げ、五五〇〇の熟語・用例をぎっしりと収録。『200選』同様に覚え方のポイントとペン字骨書がついています。

●大好評『寺子屋式古文書手習い』の第二弾

寺子屋式 続古文書手習い

吉田豊【著】　A5判・二一二頁　二、一〇〇円　4-7601-2716-X

古文書を読むには、〝まず「かな」から〟を実践する、吉田先生の『寺子屋式』の続編。『学問のすすめ』をはじめ、『精忠義士実録』『大岡美談』などを読みながら、「かな」を総復習。さらに地方(じかた)の古文書を読む実践編で、古文書力を身に付けていきます。

●「まいらせ候」にまいらないために

寺子屋式 古文書女筆入門

吉田豊【著】　A5判・二二〇頁　二、四一五円　4-7601-2477-2

古文書のなかでも最難関といわれる女性文字(女筆)を学習する入門書。「まいらせ候」「候べく候」など、女筆独特の言い回しやそのくずし方を多くの用例・文例を掲げてわかり易く解説。演習編には春日局や北政所、豊臣秀吉の手紙も収録。

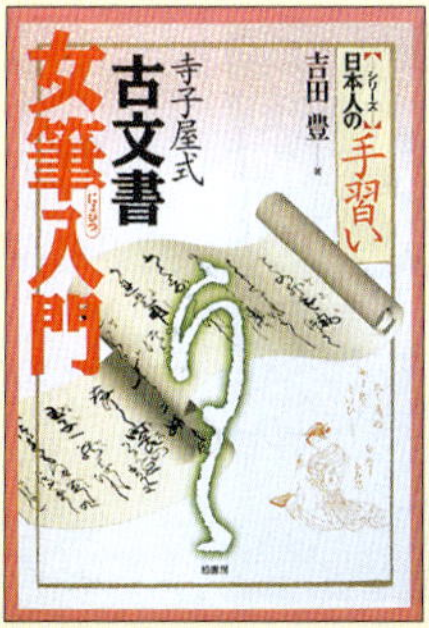

候」（しゅっかのようす、ごぎんみ、なしくだされそうろう）と書かれてあります。取り調べに対しての返答を文章化したものがこの文書だとわかります。

【文書A】の「端裏書（はしうらがき）」には、「火元人、村扣（ひもとにん、むらひかえ）」と書かれてあります。端裏書とは、文書の用紙の書き始めの方（「端」右側）の裏側に書かれた文字です。文書は書き終わった時に、文末の方（「奥」左側）から巻いて筒状にしたり、折りたたんだりします。筒状にしたり、折りたたんだりした最後の部分（端裏）に、その文書をいちいち開かなくても内容がわかるように、覚えを書いたものが「端裏書」です。

端裏書は文書を受け取った人や保管していた人が書いた場合が多く、注意深く見ると、文書の書き手とは筆跡が違うことがわかります。たとえば書状の場合など〝だれからいつ届いた〟とか〝何々につき〟などと、簡潔に書いてあります。

ここでは、この文書が〝火元人〟つまり〝おはるさん〟の口書であること、本物は提出してしまったので〝村としての扣〟（控・ひかえ）であることを書き留めたのですね。

さて、本文に戻り、読み進めていきましょう。

おはるさんは、稲小屋の火の手に気づくや否や、大声で助けを求めました。

「早速、声を立候処（さっそく、こえをたてそうろうところ）」

と書かれています。は「声」の旧字「聲」のくずしです。

おはるさんの声に応じて、たくさんの人たちが駆けつけました。「近所ハ勿論、村中追々駆付防被レ呉候ニ付（きんじょはもちろん、むらじゅう、おいおいかけつけ、ふせぎくれられそうろうにつき）」と書かれています。おはるさんの声が届いた隣近所だけでなく、村中の人たちが次々に駆けつけてくれて消火に当たったことがわかります。

そのおかげで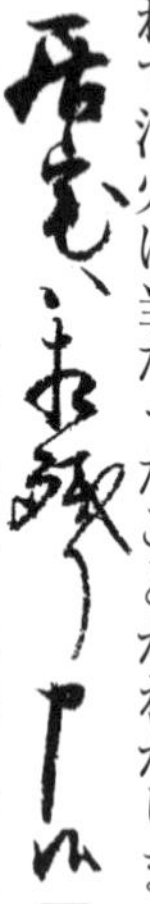「居宅ハ相残り申候（きょたくは、あいのこりもうしそうろう）」とあります。母屋には燃え移らず、稲小屋だけの焼失で済んだのですね。おはるさんはもとより、村人たちもほっとしたことでしょう。みんなが直ちに駆けつけて対処したことから、火災に対して高い意識を持ち、普段から消火の手順なども地域の中で取り決めていたのだろうと思われます。

実際、領主（この村は、藤堂藩領です）から触れ出された条項のうち、火事に関するものには次のようなものがあります。

・火事の時には、風下の四・五軒を除いて、急いで駆けつけて消火に精を出すように。
・御蔵に御米（年貢米）がある時には、「御蔵第一」に防ぐように。
・常々から、火の用心肝要のこと。

・火元人を取り調べて、不審な点があった時には、場合によっては追放を命じる。
・火事についてはお互い様のことなので、あらかじめ取り決めておき、自分の村だけでなく隣郷からも早速駆けつけて、消火に精を出すように。
・ただし、村が留守になってしまってはいけないので、村の半分の人数は残し、半分の人数で加勢するように。
・付火（つけび・放火）は「極悪之大罪（ごくあくのたいざい）」である。

領主から言われるまでもなく、住み家や生活の手段を奪う火災を、村人たち自身が何としても防ぎたかったでしょう。地域では、二人ずつ組んで夜回りをして、防火と防犯に努めていました（夜番については『古文書はじめの一歩』柏書房、二〇〇八年、に詳しく書きました）。

おはるさんは、**[文書A]**の中で、出火の原因についておよそ次のように述べています。

「昨日の夕方、竈（かまど）の灰を取って稲小屋の軒下に置き、それに〝湿〟（しめり）をかけておいたところ、その灰に火の気が残っていたようで、そこから軒裏に燃え移ってしまいました。」

〝湿〟は、他の文書では「水を打」と書かれたものもあります。燃え出さないように、軒下に置いた灰に水を掛けておいたのでしょう。それにもかかわらず、火の気が残って一晩中くすぶり続け、翌日になって燃え上がったのですね。

その他に思い当たることは何もありません、としています。この〝他に思い当たることがない〟ということが重要なのです。具体的に何を言おうとしているのかは、次の記載からわかります。

勿論、外ゟ意趣遺恨請候覚、毛頭無ニ御座一候、

もちろん、ほかよりいしゅいこんうけそうろうおぼえ、もうとうござなくそうろう、

〝もちろん、他人から恨まれるような覚えは、いっさいありません〟と、おはるさんは述べています。さらにはっきり、次のようにも書かれています。

「全く自火ニ相違無ニ御座一」（まったく、じかに、そういござなく）」ですから、〝自分が不注意

で出した火事に間違いない〟と言っています。これは裏返せば、〝付火ではない〟と言っていることになります。〝この火事は自分の不注意で出してしまった火事であって、恨みを受けて火を付けられたのではない〟と述べているわけです。

村役人（年寄・庄屋）から出された文書には、「全、手あやまち、不調法出来仕（まったく、てあやまち、ぶちょうほう、しゅったいつかまつり）」と書かれています。おはるさんの手違い・不注意ゆえの出火であるとして、〝わが村で放火があったのではありません〟と強調しているのです。

おはるさんが差出人の【文書A】に戻りましょう。

彼女は、次のように述べています。

「ふだんから、火の用心に念を入れるようにと仰せ付けられている上に、昨今は伏見御奉行様のお通りにつき、なおさら念を入れなければならないのに、うっかり過ちをしてしまって、恐れ入っております。」

そして、「何卒、御憐愍をもって御容赦いただければ、ありがたく存じます。」と結んでいます。【文書A】の宛先は、「黒岩安兵衛様」です。農民たちが藩に報告をしたり、許可を求めたりする時の武士側の相手のひとりです。

【文書A】で、火災の全体像をほぼつかむことができました。

他の文書に進みましょう。私たちにとって新しい情報（【文書A】には記載されていなかったこと）や新しい表現を中心に、内容をまとめてみます。前にお話したように、他の文書も、いずれも出火当日に書かれています。

まずは【文書A】同様に「黒岩安兵衛様」宛てに出されている文書から見ていきましょう。

【文書B】「向隣又四郎・西隣勇助」→「黒岩安兵衛様」

・向隣（むこうどなり）と西隣（にしどなり）の二人が取り調べを受けた口書。

・おはるさんが「意趣遺恨」をうけるような人物ではなく、全くの「自火」に紛れないことを、隣家の住人として保証。

・「火事と申ニ付罷出候処（かじ、ともうすにつき、まかりいでそうろうところ）」とあり、おはるさんの声が聞こえてくるような臨場感がある表現。

・火は、軒下の灰から軒裏に燃え移り出火した。

【文書C】「はる代和助・年寄清兵衛」→「黒岩安兵衛様」（同文の写しが五枚ある）

・おはるさんの代人として親類と思われる和助さんと、村役人（年寄清兵衛）から領主側に出された書類。

・焼けた稲小屋の大きさを「桁行、五間（けたゆき、ごけん）」「梁、丈間（はり、じょうけん）」と記載（これは［文書D］［文書G］も同様）。
・竈の灰を取って小屋に入れて置いたが、その灰に火が残っていて図らずも出火した。
・「此外、心懸之儀（このほか、こころがかりのぎ）」つまり放火の疑いは全くない。
・稲小屋は焼失してしまったが、「類火」がなく、「牛馬并怪我人」もなかった。
［文書D］「年寄清兵衛・庄屋金兵衛」→「黒岩安兵衛様」
・村の責任者である年寄清兵衛さんと、庄屋淺田金兵衛さんからの村としての報告書。
・村役人である彼らの所にも、火事との知らせが届き、早速駆けつけた。
・近所はもとより村中が次々に駆けつけて防いだので、居宅は残った。
・失火であり「意趣遺恨」ゆえのことではなく、類焼はなく怪我人もいない。
・昨今は、伏見御奉行様の川筋御巡見があるので、いつにも増して火の用心に念をいれるようにとの仰せがあった。
・それなのにこのようなことになり、申し訳なく恐れ入っております。
以上、［文書A］から［文書D］までの四点が、藩に宛てたものです。火元人・隣家の住人たち・親戚・村役人が、それぞれの立場で藩に文書を提出していました。

次の二点は、「宇八殿」「忠助殿」という村人宛ての文書です。

[文書E]「おはる」↓「宇八殿・忠助殿」

・村の方々に御苦労をお掛けしてしまったことへのお詫びと御礼の書き付け。
・灰に水を打ち、火の気がないと思っていたのに、自然に出火してしまった。
・以後はこのようなことがないように念を入れる。

[文書F]「又四郎」↓「宇八殿・忠助殿」

・おはるさんの隣家の又四郎さんからの、類焼をまぬがれたという書き付け。
・すんでのところで私宅へも火が移るところだった。
・しかし、村の人々が屋根の茅を取り払って防いでくれたので類焼しなかった。

この二点は、おはるさん（火元人）と又四郎さん（隣家の住人）からの、村人たちへのお詫びと、消火活動への礼状ですね。どちらも文書の表題は「一札之事」です。

最後の一点は、書きかけの下書きなのですが、とても興味深いものです。

[文書G]「（六兵衛後家）はる・又四郎」↓不明

・途中までの書きかけなので、宛先がわからない。
・裏紙に書かれていて、書いた箇所を消したり行間に追加したりなどの訂正も多い。

・おはるさんを、「六兵衛後家」と表記している。

・同様に、「六兵衛稲小屋ゟ如何仕候哉焚上り（ろくべえいなごやより、いかがつかまつりそうろうや、たきのぼり）」と書かれ、〝六兵衛さんの稲小屋〟としている。

・小屋に入れた灰に火が残っていようとは思いもよらず、他の心当りもない。

・隣家の又四郎さんの家の屋根に火が燃え移ったが、村中の人たちが駆けつけて消してくれたので、やっとのことで火が鎮まった。人的被害も牛馬への被害もなかった。

書きかけの下書きでしたが、ここからわかった内容も貴重でした。「はる」「又四郎」連名の文書は他にありませんので、この文書が清書され提出されたのかどうかは不明です。

稲小屋一軒の火災に対して、少なくともこれだけの文書が書かれていました。庄屋たちが書いた**【文書D】**の端裏書には「外ニ太田様へ壱通出ス、村役人、村扣」と書かれています。他の関係機関にも同文の書類を提出していたことがわかります。

対面の話合いや口約束だけで物事を済ませたのではなく、文字を通して意思の疎通をして、それを記録し続けていたのが江戸時代だった、と確認できました。文字で書かれたものをきちんと残すことによって、経験を記録として積み上げ、地域全体さらには将来への共有の財産にしていた時代だったと言えるでしょう。

旅人の姿（『江戸大節用海内蔵』）

第五章

こんなに意外

第一節 旅先で亡くなっても知らせなくてよい

江戸時代にも、人々は旅に出ていました。

土地に縛られ、毎日の暮らしでせいいっぱい、とても旅行などは無理だったろう、と思われるかもしれませんが、そうとも限らなかったようです。庶民も旅に出ていました。

男性はもちろん、女性もです。

柴桂子氏は、江戸時代の女性が書いた二百二十点ほどの旅日記を分析し研究されています。そんなにも多くの女性たちが旅をしていた、そしてその記録を残していたということ自体、まさに〝こんなに意外〟で、勇気がわく思いですが、柴氏は、それらも「おそらく書かれた旅日記のごく一部に過ぎないであろう」と述べられています。

女性たちは、神社仏閣を参詣したり、巡礼に出たり、湯治保養の旅をするなどはもちろんのこと、詩歌・俳諧・学問などのための修行の旅や、幕末に見られるように政治活動のための旅に出るなど、自らの意志によって旅をしています（柴桂子著『近世の女旅日記事典』東京堂出版、二〇〇五年、などの研究成果を御覧ください）。

江戸時代の庶民の旅には、「往来手形（おうらいてがた）」が必要でした。この一通さえ携帯していれば、各地の街道を旅して宿泊することができました。往来手形は旅人の身分証明書、いわばパスポートのようなものです。男性は往来手形さえ常備していれば、それを見せて調べを受けるだけで、どこの関所も通過することができました。

それに対して女性の場合は、往来手形だけでは関所を通ることができませんでした。身分にかかわらず、「女手形」が必要でした。「女手形」や「鉄炮手形」は「関所手形」なので、たとえば二か所の関所を通って旅をしたいのなら、宛先をそれぞれの関所名にした二通の関所手形を用意し、それをそれぞれの関所に提出する義務がありました。

「入鉄炮に出女（いりでっぽうに、でおんな）」に幕府が神経を注いだのは、御存じの通りです。江戸や関八州に鉄炮が入ることを警戒したり、人質である大名の妻子が国元に帰るのを防ぐために、「鉄炮手形」や「女手形」はきびしく改められました。

さて、庶民の旅に必要だった「往来手形」。これには、一定の形式がありました。

本節では一通の往来手形を取り上げます。いつだれがどんな目的でどこに旅をするのか。そもそも往来手形はだれが発行し、どんなことが書かれているのかを見ていきましょう。

まず、この文書のはじめの部分を載せてみましょう。

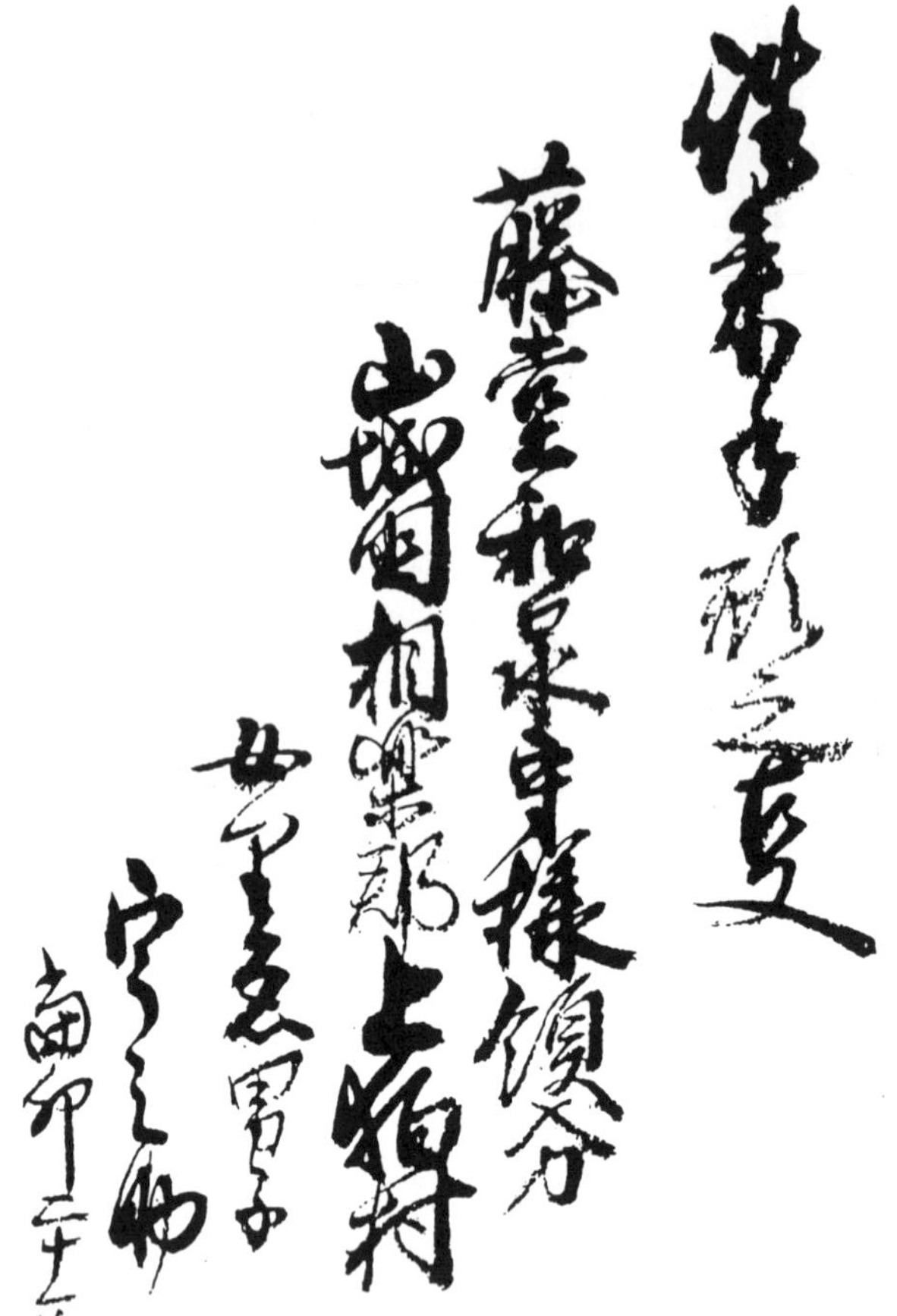

「往来手形之事」とあります。「叓」は、「事」の異体字

です（二四頁）。往来手形は、「往来一札」あるいは単に「一札」「覚」などと書かれている場合もあります。

そして、まず最初に書かれているのが手形の持ち主の、住所と名前です。

住所は「山城国相楽郡上狛村（やましろのくに、そうらくぐん、かみこまむら）」（現在の京都府木津川市山城町上狛）。この地が、だれの領地かも書かれています。「藤堂和泉守様領分（とうどういずみのかみさま、りょうぶん）」ですね。

上狛村（狛四か村）は、江戸時代を通じて藤堂藩の飛び地でした。藤堂藩の本拠地は伊勢国（三重県）の津です。初代藩主藤堂高虎以来、明治の廃藩置県にいたるまで、伊勢・伊賀を中心に二十七万石余りを領有しました。その藤堂藩の飛び地が山城・大和にあり、城和領（じょうわりょう）と呼ばれていました。上狛村は、城和領の一部です。

旅をしたのはだれでしょうか。

「宇之助」です。

宇之助さんは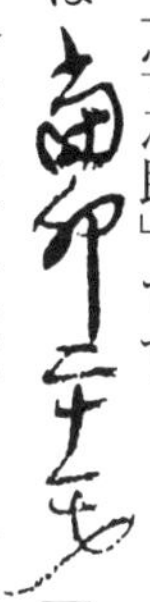「当卯二十一才」。これは、今年が卯年（うどし）で、その卯年である今年二十一歳である、ということです。

「当卯」がいつのことかを、文書の文末で見ておきましょう。

安政二（一八五五）年の卯年だったことがわかりました。往来手形は、この年の二月に発行されています。

「女りゑ男子（おんなりゑ、だんし）」とは、宇之助さんが、りゑさんの息子である、という意味です。多くの場合、本人の父親か兄の名前が書かれますが、この場合は該当する人物がいなかったため、母親の名前が書かれたのでしょう。

このように、住所と名前が記載されたあとに、「右之もの」、つまり宇之助さんについて、その宗旨や旅の目的などが書かれた本文がはじまっていきます。

それによると、宇之助さんの家は代々「浄土宗」であり「拙寺旦那（せつじだんな）」に紛れない、と書かれています。拙寺と書かれているからには、この往来手形は宇之助さんの家の旦那寺が発行したものとわかります。文末には、次のよ

うに書かれています。

同村とは、上狛村のことですから、上狛村にある法蓮寺さんが旦那寺だったことがわかります。私たちは「檀那」「檀那寺」と書きますが、江戸時代の文書には「旦那」「旦那寺」が多く見られます。

浄土宗だということは、禁制のキリシタンではない、ということを意味します。それを、旦那寺が保証しているのです。このことは、江戸時代における身元保証の重要な部分でした。旅に限らず、婚姻や養子縁組などで村を移る時、また奉公に出る時などの証文にも、旦那寺名と宗旨は必ず記載されました。往来手形は、このように身元を保証する旦那寺あるいは村役人を通じて発行されました。

宇之助さんは、どういう目的でどこに旅したいと言っているのでしょうか。

「心願之儀有レ之候ニ付（しんがんのぎ、これありそうろうにつき）」「四国順拝（しこくじゅんぱい）」をしたい、とあります。神仏に何かの成就を祈願するために、四国を旅して回りたいというのですね。

他の往来手形にも、「西国并四国順礼」「諸国神社仏閣参詣」あるいは「温泉湯治」などと目的が書かれています。

このように住所・名前・宗旨・旅の目的を述べたあとに書かれた次の記載が、宇之助さんおよび法蓮寺さんが一番お願いしたいことです。

「国々御関所（くにぐにおせきしょ）」旅の途中で通過しなければならないその土地その土地の関所を、「無ニ相違一御通可レ被レ下候（そういなく、おとおし、くださるべくそうろう）」、この往来手形でどうぞ必ず通してやってください、とお願いしているわけです。

さて、ここまでで往来手形の本来の目的は達せられたのですが、文書はここで終わりに

なっていません。ほとんどの往来手形には、このあといくつかのことが付け加えられています。そこに注目してみましょう。

まず、「万一、行暮候ハ、（まんいち、ゆきくれそうらわば）」とあります。これは「旅の途中で、もし日が暮れてしまったら」という意味です。その場合は、「一夜之宿、御頼申候（いちやのやど、おたのみもうしそうろう）」と願っています。けっして怪しい者ではないので旅の宿を提供してやってほしい、と書かれているのです。

さらに、次のように続きます。

「若、死去致候ハ、（もし、しきょいたしそうらわば）」とあります。

行き来が簡単にできる現代の旅とは違い、また安全性も確保されていたわけでもありませんから、江戸時代の旅は、今生の別れをも覚悟しなければならないものだったと思われます。旅の途中での病死や事故死などを想定して、往来手形にはその折の対処方法への願いが書かれています。

此方江不レ及二御附届ニ一候間、其所之御作法通、御取片付可レ被レ下候、

このほうえ、おつけとどけに、およばずそうろうあいだ、そのところの、ごさほうどおり、おとりかたづけ、くださるべくそうろう、

「此方（このほう）」は宇之助さんの村、上狛村です。「御附届（おつけとどけ）」は、この場合「お知らせ」といった意味ですから、「うちの村にはお知らせには及びませんので」ということですね。何を知らせてくれなくてよい、と言っているのでしょうか。その前に書かれていた「若、死去致候ハヽ」から続いているのですから〝この往来手形を持った宇之助が、旅の途中で亡くなってしまうことがあっても、うちの村までわざわざお知らせいただかなくてよい〟と書かれているのです。

そして、その代わり、どうしてくださいとお願いしているのでしょうか。

「其所（そのところ）」というのは〝亡くなった場所〟のことです。その「御作法通」ということは〝上狛村とは異なった葬り方でもかまいませんから、そちらでのいつも通りのやり方で、どうぞ葬ってやってください〟とお願いしているのです。この文書には書かれていませんが〝ついでの節に、故郷にお知らせいただければありがたい〟と、付け加えてある往来手形もあります。

旅先で亡くなっても、故郷に知らせが届かず、亡くなった場所に葬られる。とても〝意外〟あるいは〝心外〟〝遺憾〟に思われたかもしれません。しかし、考えてみてください。土葬が一般的だった江戸時代、遺体をはるか遠くの故郷まで運ぶことはできませんでした。往来手形で身元が判明する人については、ありがたいことに現地できちんと埋葬などをしてもらうことができた、と理解したほうがいいでしょう。

旅で病気になった時、医者に診てもらったり、養生させてもらったことがわかる文書もあります。街道沿いの町や村などは旅人を泊め、病人を看病し、死者を葬り、ということを行っていたことがわかります。逆にその町や村の人間が旅をしたら、またどこかでお世話になる、ということでお互い様の世界だったのでしょう。

宇之助さんの往来手形の宛先は、「国々御関所御役人中様、村々御役人中」となっています。関所の役人たちには関所通過を願い、途中の村々の庄屋さんをはじめ村役人たちには、宿の世話や、もしもの時の処置をお願いしているのですね。

道中での病気や死亡に関する法令を調べてみると、時期によって多少の変化があることがわかります（『徳川禁令考　前集第六』創文社、一九五九年）。

元禄元（一六八八）年には、病気の旅人は入念に治療し、国元や親類縁者を調べて道中奉行に知らせて差図を受けること。もし死亡してしまった時にはその所の役人を呼び、宿役人立合いで埋葬するようにとあります。

翌元禄二年には、旅人の故郷が二日以上の距離の場合には知らせなくてよい、としていますが、享保十八（一七三三）年には、故郷が遠くても早速知らせるようにとあります。明和四（一七六七）年には、死亡した時に埋葬を願う「慥成書付（たしかなるかきつけ）」があれば、知らせは不要としています。宇之助さんの往来手形は、この書付に当たるわけです。

宇之助さんは、どのような旅をしたのでしょうか。

彼が四国を巡拝している姿や、旅を終えて母りゑさんの待つ上狛村に帰ってきた姿が、この往来手形から浮かんでくるような気がします。

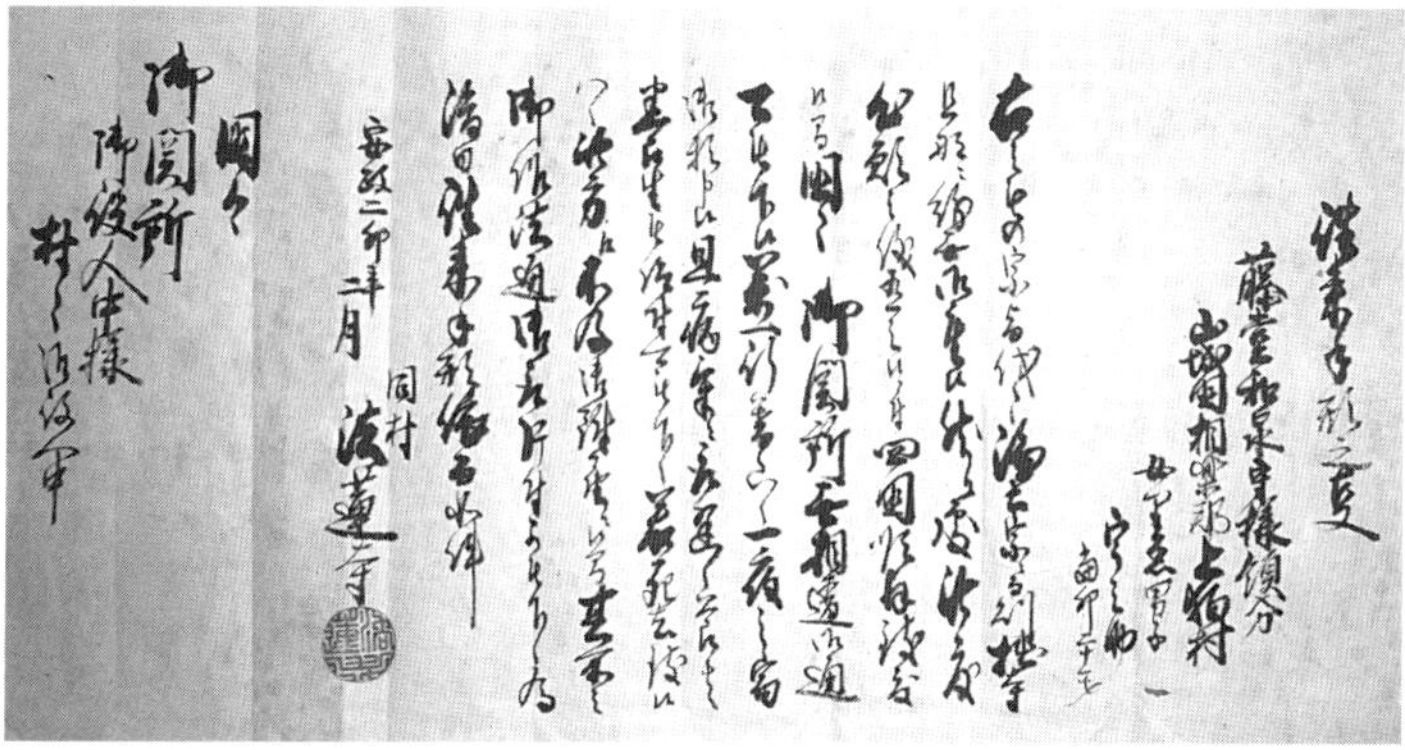

往来手形

往来手形が入っていた包紙

包紙を広げたもの

東京大学経済学部資料室所蔵　浅田家文書より

第二節　女性名で大店を訴える

女性名で訴訟を起こす、しかも大店（おおだな）を相手に、というと、江戸時代にそんなことができたのかと驚かれるのではないでしょうか。

本節では、ひとりの女性が江戸でも屈指の大呉服商を訴え出た文書を取り上げて、江戸時代の意外な一面を描いてみます。奉行所がそれをどのように扱ったかも興味深いですね。

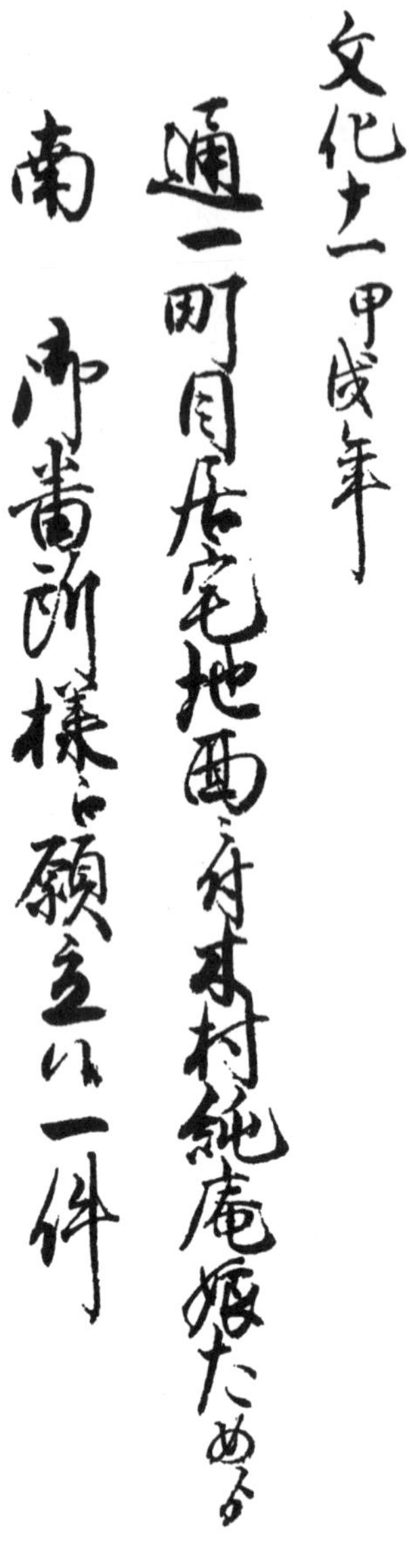
文化十一甲戌年
通一町目居宅地面ニ付大村純庵娘ためゟ
南御番所様ニ願立候一件

右が、その文書の表紙に書かれた文字です。丁寧な長文の表題ですね。これを読むだけで、どんな事件だったのかの概要をつかむことができそうです。〈いつ〉〈何について〉〈だれが〉〈どこに〉〈どうした〉のか、読みながら整理してみましょう。

〈いつ〉　文化十一甲戌年（ぶんかじゅういち、きのえいぬのとし）

　これは、一八一四年に当たります。今から約二百年前のことです。

〈何について〉　通一町目居宅地面ニ付（とおりいっちょうめ、きょたくじめんにつき）

　通一町目は、日本橋通一町目のこと。そこにある居宅地面というのは、白木屋日本橋店の店舗敷地について、ということです。これだけでは、詳しい事情はわかりませんが、大呉服商白木屋の地面が問題にされているようです。

〈だれが〉　木村純庵娘ためゟ（きむらじゅんあんむすめ、ため、より）

　木村純庵という人の娘である〝ため〟の名前が出てきました。〝娘〟〝ため〟と書かれていますから、これは明らかに女性だとわかります。ためさんが、通一町目にある白木屋の地面を問題にしているようです。

〈どこに〉　南　御番所様江（みなみ、ごばんしょさまえ）

南御番所様とは〝南町奉行所〟のことです。
文書での下が一字分ぐらい空いています。これは〝欠字（けつじ）〟と言って、次に書かれているに対する尊敬の気持ちを表しています。

ためさんは、江戸の南町奉行所に願い出た。つまり「乍レ恐（おそれながら）願立候（ねがいたてそうろう）」と、自分の主張を訴え出たわけです。

〈どうした〉

そしてこの文書が、その一件（いっけん）、つまり〝白木屋日本橋店が、通一町目の地面について、ためさんから訴えられた事件〟についての顚末を記した文書である、としているわけです。

この事件については、他にも関連文書がいくつか残されています。その中には、表紙に次のように書かれたものがあります。

文化十一戌年、通壱町目彦太郎相手取、願出候一件扣

ぶんかじゅういち、いぬどし、とおりいっちょうめ、ひこたろうあいてどり、ねがいいでそうろう、いっけん、ひかえ、

古文書の文章では、「てにをは」などの助詞が省略されることが多いです。ここでもそうですから、心の中で補いながら読んでみましょう。

そうすると、〝文化十一戌年（に）、通壱町目（の）彦太郎（を）相手取って、願い出たことに関する事件の控え書きがこれである〟といった意味になります。

間違えて、〝彦太郎（が）相手取って〟と読んでしまうと逆になってしまいます。彦太郎は相手取られた方、つまり訴えられた側です。

その彦太郎とは、白木屋の当主、大村彦太郎のことです。白木屋では代々の主人が大村彦太郎を名乗りました。ですから〝日本橋通壱町目に住んでいる、白木屋の主人である大村彦太郎を相手取って〟ということになります。前に見た表紙の方には「通一町目居宅地面ニ付」と書いてあるだけでしたが、ここでは訴えの相手が白木屋の当主である彦太郎だと明記されています。

しかし、彦太郎本人は、白木屋の本店がある京都に在住していて、江戸日本橋にはいま

せん。ですから、白木屋の最高責任者としての彦太郎、日本橋店の土地家屋の所有者である彦太郎の名前で訴えられていますが、実質上は日本橋店のトップである支配役が対応したと考えられます。

ためさんの訴状の末尾を見ると、それが確認できます。「願人　ため」に対して、「相手　清蔵」と書かれています。清蔵さんの肩書には「白木屋彦太郎店支配人」とあります。ためさんが、白木屋日本橋店の実質的な責任者である支配人清蔵を交渉相手としたことがわかります。なお、ためさんは、「医師木村純庵」の娘であると書かれています。

さて、ためさんは、通一町目の白木屋の土地に対して、何を訴え出たのでしょうか。要約してみると、次のようなことになります。

［ためさんの主張］

・私の先祖は、日本橋通壱町目に拝領地を持ち、そこに家を建てて住んでいました。

・その後、同町内の白木屋彦太郎と申す者に頼まれて、その一部を貸しました。

・さらにその後、私の祖父の純庵が本所西口の屋敷に引き移ったため、彦太郎から残りの地面もすべて貸してくれるように頼まれて、通壱町目の土地をすべて貸しました。

・その際には「地請証文」（借地証文）を彦太郎から取り、享保十八（一七三三）年まで地代を彦太郎から受け取っていました。

つまり、ためさんは、白木屋日本橋店の土地はもともと自分の先祖の土地で、白木屋はそこを借りていたのだと述べています。その証拠に、白木屋側はこちらに地代を払っていたではないか、と言っているわけです。

ためさんの主張によると、本所西口の屋敷が類焼した折に、諸帳面は焼失してしまったとのこと。享保十九年に祖父の純庵が病死してしまったこともあり、地面に関することを家来任せにしていたところ、どういうわけか、いつのまにか通一町目の土地が彦太郎所持の土地になってしまっていた、と嘆いています。

・その後、私の父の純庵が、彦太郎の店支配人や名主に掛け合いましたが、書類が焼失していてわからないと言われてしまいました。
・掛け合いに手間取るうちに、父純庵も天明六（一七八六）年に病死しました。
・さらに養子に入った自分の夫も白木屋側と交渉しましたが、埒が明かないので訴え出ようとしているうちに、夫も病死してしまいました。
・続けて、私自身も長病にかかって、無為のうちに月日が過ぎてしまいました。

・そして、このたびまた自分が白木屋側と交渉しましたが、年数も経ってしまったことなのでわからない、とのことです。

そこで、ためさんとしては万策尽きたという感じで、「御調願」を差し出しますので是非とも取り上げていただきたい、としています。なにとぞ御慈悲をもって「彦太郎支配人清蔵」を召し出してお調べくださるように、とお願いしています。

訴え先は「御奉行所様」となっていて、南町奉行所（南御番所）でした。

これについては、次のような記載があります。

右之通、南
根岸肥前守様御番所江訴出候所、

　みぎのとおり、みなみ
　ねぎしひぜんのかみさま、ごばんしょえ、うったえいでそうろうところ、

　この時の南町奉行が、根岸肥前守鎮衛（やすもり）だったことがわかります。根岸鎮衛は、寛政十（一七九八）年十一月十一日から文化十二（一八一五）年十一月九日まで南町奉行を務めました。見聞したことや身辺雑記を書き留めた『耳袋（みみぶくろ）』という随筆を書いたことでも有名な人物です。

　ためさんが訴え出たのは文化十一年十月二十四日ですので、確かに根岸鎮衛が南町奉行だった時ですね。

　ところで、いつでもそうなのですが、訴訟文書の一方の側の史料だけを読んでいると、相手側は何と理不尽でひどいやり方をしたのだろう、と思ってしまいます。この場合も、ためさんの主張だけを読んでいると〝白木屋は、借地を乗っ取って自分の物にした悪者〟と思わざるを得ない状況です。

　ところが、白木屋側の返答書を読むと、状況はがらりと変わります。

　ためさんの訴状を受けて、南町奉行所は翌日の二十五日に白木屋を呼び出します。「御詮議方、安藤源五左衛門様御掛り二而（ごせんぎかた、あんどうげんござえもんさま、おかかりにて）」

とあり、与力の安藤源五左衛門の担当になったことがわかります。

呼び出された奉行所で「右訴状之趣、為二御読聞一被レ遊候而（みぎそじょうのおもむき、およみきかせあそばされそうろうて）」とありますから、白木屋はためさんの訴状をかしこまって拝聴したことがわかります。そして、その訴状に対する返答書を差し出すようにと命じられました。返答書は、十月二十九日付けで差し出されています。今度は、白木屋側の主張を要約してみましょう。

［白木屋の主張］

・通一町目の日本橋店の土地は間違いなく白木屋が購入したもので、三度にわたって買い足していったものです。
・一度目は、元禄十三（一七〇〇）年に、売主吉岡松珉から代金千五百両で。
・二度目は、宝永七（一七一〇）年に、売主与兵衛から千七百両で。
・三度目は、享保八（一七二三）年に、売主三右衛門から七百両で。
・そのそれぞれについて、売主と町役人が連印した沽券証文（売渡しの証文）があるので、この返答書と一緒に沽券証文の写しも提出します。
・通一町目の土地が純庵の拝領地だったという言い伝えは、まったく聞いたことがありません。

・ための言っている間数（土地の間口と奥行きの長さ）と実際の土地がはなはだ違っているのもおかしいことです。

・その上、享保十八（一七三三）年まで白木屋が純庵から借地していたとためは申していますが（一三七頁）、右の三通の沽券証文は、いずれもそれよりかなり前の物です。

このようなことからも、ための申していることは道理に合いません。

その上で、白木屋は次のように述べています。

「先頃ゟ、右為二掛合一度々私方江罷越（さきごろより、みぎかけあいのため、たびたび、わたくしかたえ、まかりこし）」、つまり、この土地問題に関して、ためさん側の人間が何度も白木屋日本橋店に交渉に来ているのですね。それに対して白木屋は「商家之儀二而世間躰外聞共、甚難儀至極仕候（しょうかのぎにて、せけんてい、がいぶんとも、はなはだなんぎしごく、つかまつりそうろう）」と述べています。

〝うちは商売をしているのだから、世間の評判やお客様の信用が一番大切〟〝それなのに、土地を奪い取ったといういわれのない言いがかりで店先に何度も来られては、迷惑この上ない〟と困り果てているわけです。そして、我々の言い分をどうぞ認めてください、ためさん側の人間が土地問題について以後何も白木屋に言ってこないように命じてください、と奉行所にお願いして、白木屋は返答書を結んでいます。

この返答書にもとづいて、奉行所はためさんを呼び出し、「白木屋から三通の沽券証文が出されているが、そちら側には拝領地だという証拠があるか。」と糺しています。

それに対して、ためさんは、「前に申しました通り書類などは焼失してしまったため証拠の品はなく、今となっては拝領地だったという由緒書があるだけです。」と申し上げ、恐れ入って「帰伏」しました。

ためさんは十一月十六日に願書を出していますがその結びは次のようになっています。

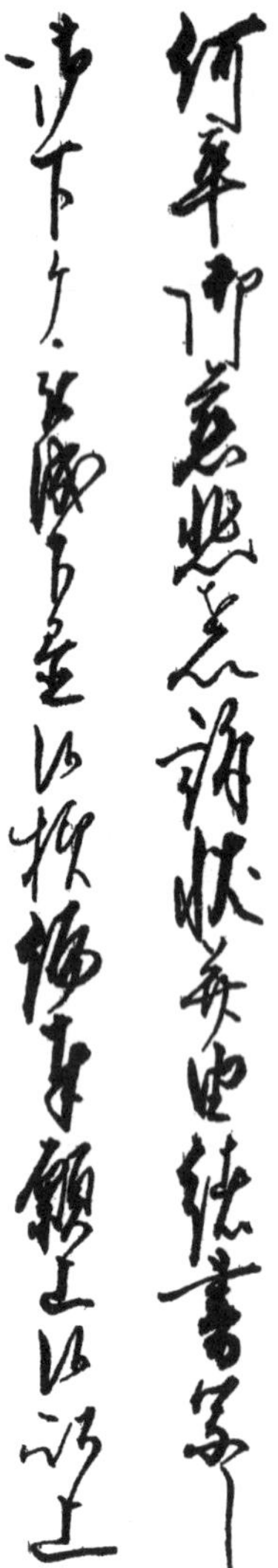

何卒御慈悲を以、訴状并由緒書写し共、御下ケ被二成下置一候様、偏奉二願上一候、

以上、

なにとぞ、ごじひをもって、そじょう、ならびにゆいしょがきうつしとも、おさげなしくだしおかれそうろうよう、ひとえに、ねがいあげたてまつりそうろう、いじょう、

これは、ためさんの方から訴状の「御下げ願い」を提出したことになります。自分の方が間違っていたと納得して訴えを取り下げますので、訴状と由緒書きの写しをお返しください、と願い出ているわけです。

奉行所はこの「御下げ願い」を聞き届けて、白木屋に早速同日（十一月十六日）に差紙（召喚状）を届け、翌十七日に奉行所に出頭するようにと命じています。そして、やってきた白木屋に、ためさん側が訴えを取り下げることを奉行所が認めるので、白木屋もそれを承知するようにと伝えました。

これで一件落着です。白木屋としては、ほっとしたことでしょう。ところが、いったんは解決したかに見えたこの地面問題については、木村家の由緒もからんで、その後何年にもわたっていろいろな人物がかかわってきて、白木屋を悩ますことになります。

われわれとしては、ためさんという女性が訴え出たこの事件の顛末が見えたところで、いったんの一件落着としておきましょう。

第三節　小屋一軒建てるにも建築許可が必要

左ページは、ある文書の表紙です（浅田家文書・東京大学経済学部資料室所蔵）。

真ん中に書かれたは「普請御願（ふしんおねがい）」と読めます。「普請」ですから、何かを建てることを許可してもらいたいと願い出ている書類だとわかります。何を建てたいのかは、この表紙からはわかりませんが、いつだれが願い出たのか、という情報は得ることができます。

「天保十三寅年四月（てんぽうじゅうさん、とらどし、しがつ）」。一八四二年のことです。

願人は「百姓平兵衛（ひゃくしょう、へいべえ）」。平兵衛さんの村は「岡崎村」。「城州相楽郡瓶原郷（じょうしゅう、そうらくぐん、みかのはらごう）」にある村です（現在の京都府木津川市加茂町岡崎）。「じょうしゅう」と聞くと、上州（上野・こうずけ・群馬県）、常州（常陸・ひたち・茨城県）も思い浮かびますが、ここは山城国（やましろのくに・京都府）の城州です。

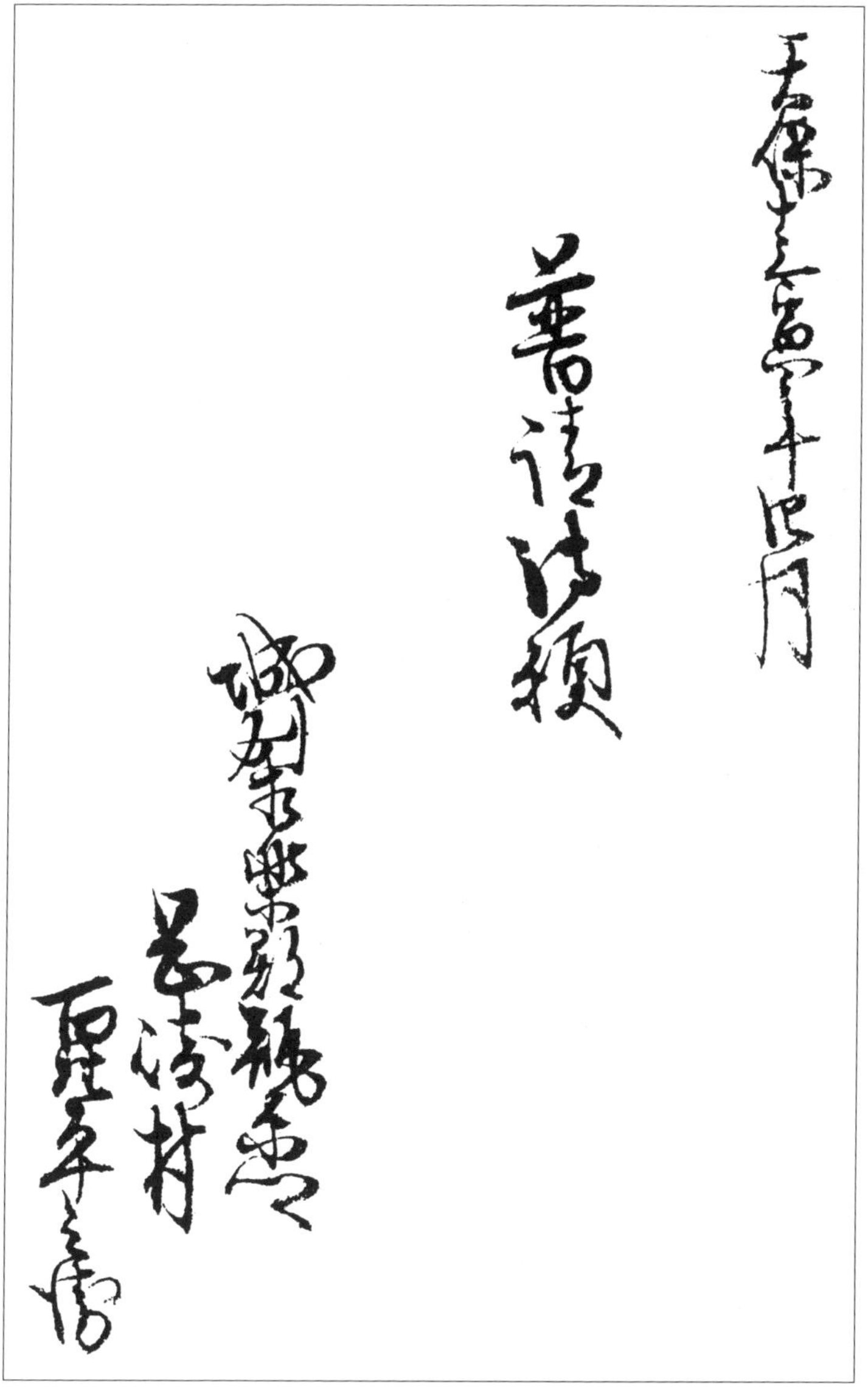

表紙をめくると目に飛び込んでくる、左ページの絵図面の朱書き。百七十年ほど前の朱色が鮮やかに残っています。

これは「普請御願」のために書かれた図面です。何が描かれているのでしょうか。

長方形の大きな外枠が敷地全体です。平兵衛さんの敷地ですね。

すでに存在している建物は墨書きで描かれていますので、そちらから見てみましょう。

「居宅（きょたく）」と書かれた長方形がそうで、母屋のことですね。

それにしても、くずし字があちこちいろいろな向きに書かれています。ちょっと読みにくいですが、首を傾けながら、あるいはこの本を回しながら、読むことにしましょう。

まず、四つの文字に注目しましょう。上の辺に書かれたが「東」で、下の辺の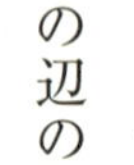は「西」のくずしです。ということは左の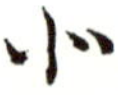が「北」で、右のは「南」と読めます。

つまり、この敷地の方位が書かれていて、それぞれ何に接しているかが記されています。東は「久次郎（きゅうじろう）」、南は「彦兵衛（ひこべえ）」の敷地と接していて、北側は「道」。西側は、記載がないのでわかりません。

さて、朱書の部分です。これが新たな建築箇所です。

「小屋」と書かれています。今回、「居宅」以外に「小屋」を建てたいのですね。

北

　　　　　　　　　　　　　　　　　　　納屋
　　　　　　　　　　　　　　　　小屋
　　　　　　　　　　　　　　　　　　　　　　広庭
　道
　　　　　　　　　　母家

　　　　　　　　　南

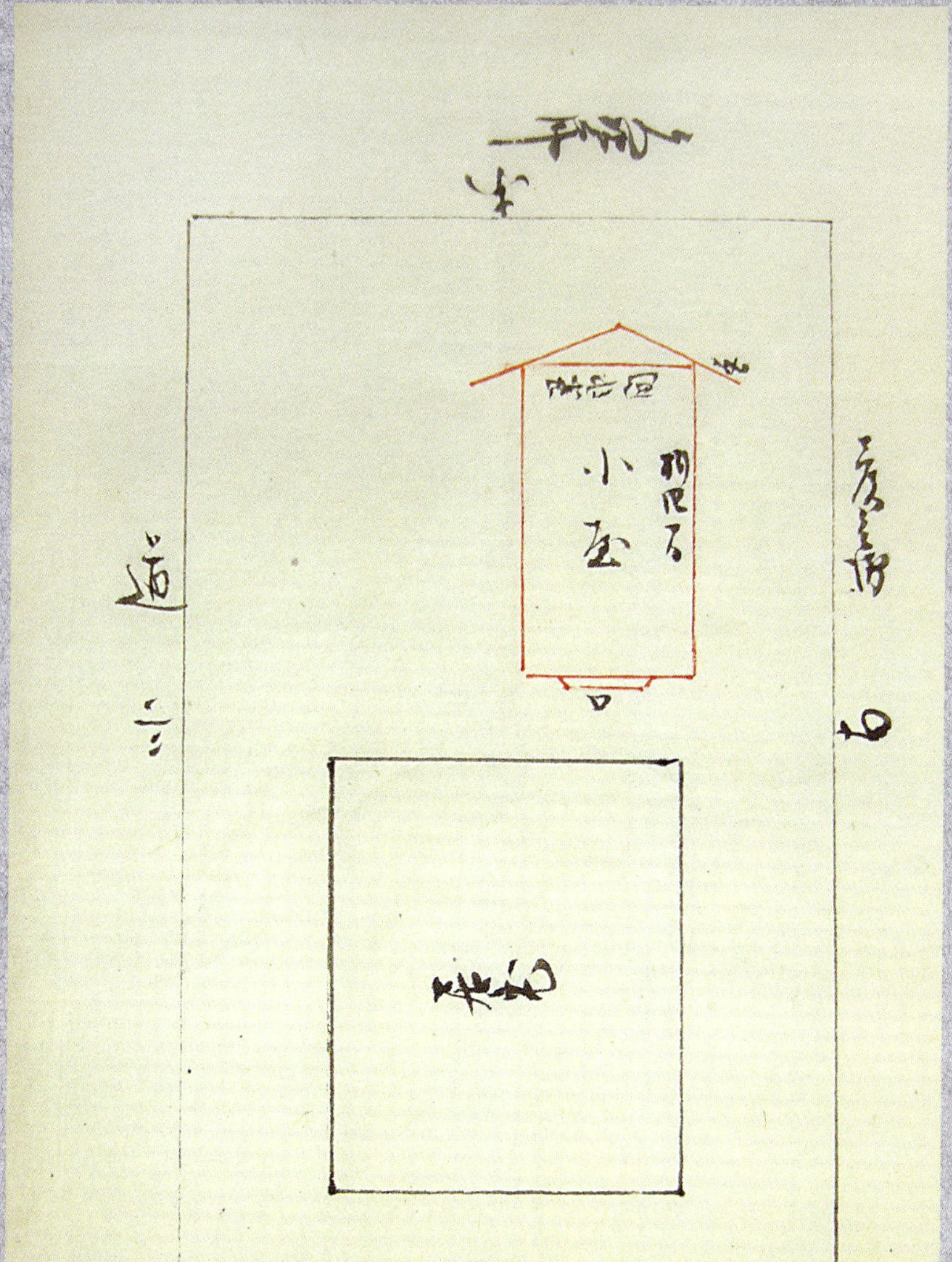

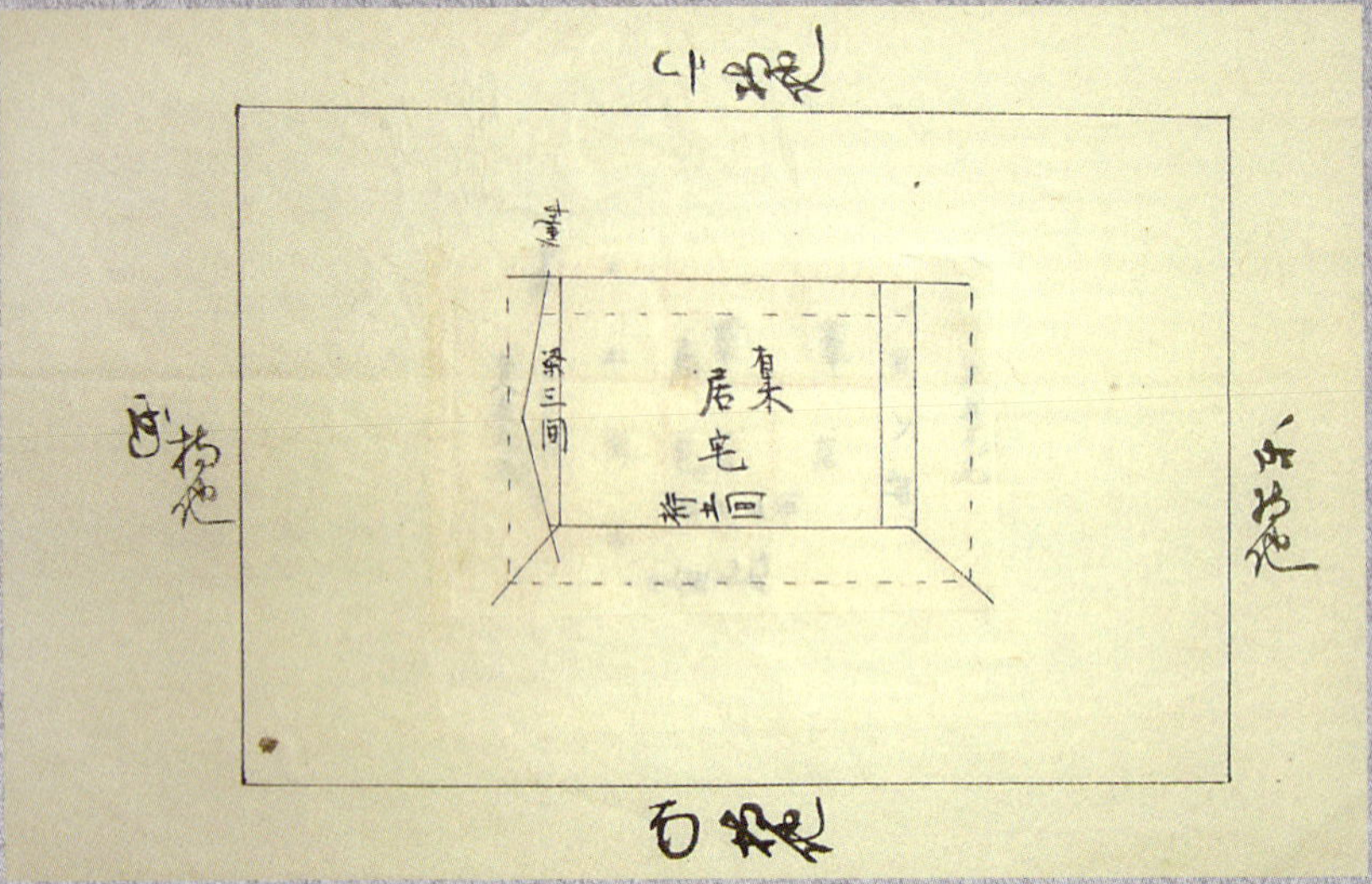

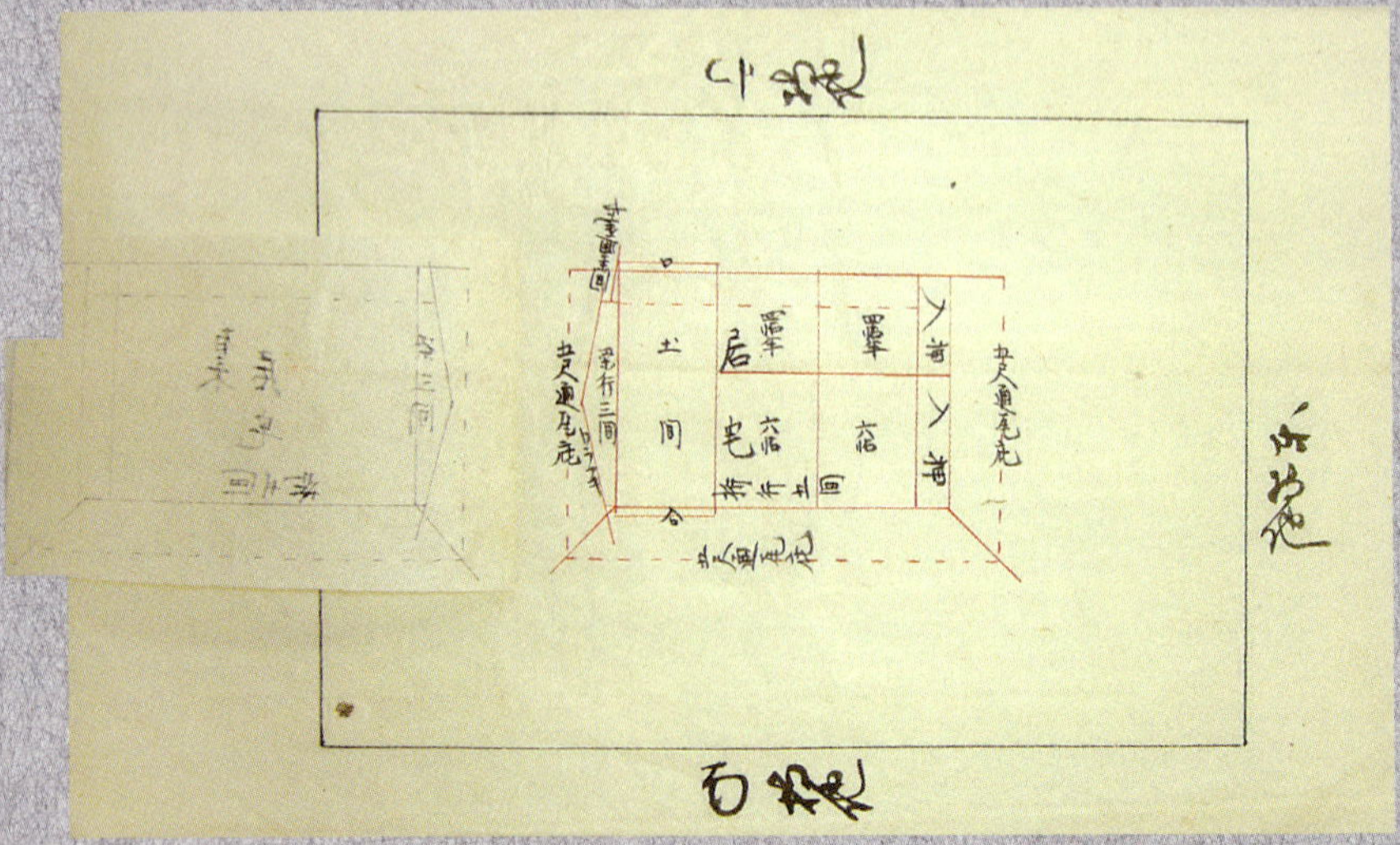

その小屋の大きさも記入されています。「梁弐間（はり、にけん）」「桁四間（けた、よんけん）」とありますから、三・六メートル×七・二メートルぐらいの大きさの小屋です。入口の所に「口」と書かれています。さらに、もうひとつ字があるのに気付かれたでしょうか。屋根の右下の所の「瓦」。瓦葺きの小屋のようです。

文書の本文を読む前に、表紙と絵図面から、平兵衛家の小屋新築計画についていろいろなことがわかりました。

さて、右ページの写真は、同じ岡崎村の「百姓小兵衛（ひゃくしょう、こへえ）」の「普請御願」の絵図面です。天保十三（一八四二）年二月二十九日のものですから、平兵衛さんの「普請御願」の二か月前ということになります。

面白い工夫がされていますね。上の写真の墨書きの図は現在の「居宅」です。それをめくると、その下に新しく建てたい居宅が朱書きされてあります。それが下の写真です。願い出ている新築の居宅図の上に、現在の居宅を重ねて貼ってあるのですね。

小兵衛さんの文章の中では、「墨引刎絵図（すみびき、はねえず）」という言葉が使われています。その「墨引刎絵図」に書かれた現在の居宅が「破損」してしまったので、このたびそれを「取払」、つまり壊して、その跡に「朱引絵図（しゅびきえず）」の通りに居宅を建てたいと願っています。新しく建てる建物については朱書きすることになっていたことが、平兵衛さんと小兵衛さんの例からわかります。

では、再び平兵衛さんの「普請御願」に戻って、さらにどんなことがわかるか読んでいってみましょう。

本文は、「私儀」つまり「私、平兵衛は」とはじまっていきます。平兵衛さんは「村内彦兵衛抱持屋敷地借請（そんない、ひこべえ、かかえもちやしきち、かりうけ）」と書かれてあり、岡崎村の彦兵衛さんの土地を借りていることがわかります。

この彦兵衛さんとは、絵図面の南隣の彦兵衛さんのことでしょう。地続きの地主彦兵衛さんから借地しているわけです。絵図面の墨書きの平兵衛家の居宅は、この借地に建っていたのですね。

そして、このたび小屋を一か所建てたいので  「絵図朱引ニ記、奉ニ願上一候（えず、しゅびきにしるし、ねがいあげたてまつりそうろう）」とあります。

その小屋については、引き続き次のように書かれています。

・居宅より東の方に建てたい。

・梁行（はりゆき）二間、桁行（けたゆき）四間にしたい。

・屋根は瓦葺きにしたい。

文章と絵図面は、確かに一致しています。文書はさらに続きます。

尤、御制禁之作事、決而不レ仕、

もっとも、ごせいきんのさくじ、けっして、つかまつらず、

「制禁」は「禁制」のことですから、禁じられている作事、つまり許されていない建築方法で普請をすることなどは決していたしません、と言っているわけです。幕府や藩がいつも言っている通り質素倹約を旨とし、華美で奢侈な造りはしません、という意味も含まれているのでしょう。さらに、次のようにも書かれています。

・隣家との境目についてもだいじょうぶです。

・水はけなども、何の差障りもありません。

つまり、この小屋を建てるにあたって、隣の家から境目について文句が出るようなことはないし、水はけが悪くなって近所に迷惑をかけることもない、と言っています。

〝禁止された建築をしない〟〝隣近所が困るようなことはしない〟これらのことは建築許可を得るために是非とも必要なことでした。これらすべてを満たしていることを明記した上で、どうぞ願いの通り普請することを許可してくださいと書かれてあります。それだけではありません。

・普請が終わったら早速お届けしますので、ご見分（検分）ください。

・その上で、もし違反がありましたら、どんな処罰でも仰せ付けください。

このように書かれて文書の本文は終わっています。

日付けは、天保十三寅年（一八四二）の四月二十七日。

差出人は、「普請御願」をしている平兵衛さん本人だけではありません。他に三名が名を連ねて次のように書かれています。

岡崎村

願人　平兵衛

東隣　久次郎

南隣地主・年寄　彦兵衛

庄屋　　甚兵衛

南隣で、かつ地主である彦兵衛さんは、岡崎村の年寄であることがわかりました。その彦兵衛さんと東隣の久次郎さんは、「隣家」として、境目争いや水はけ問題などがないことを保証しているのでしょう。庄屋の甚兵衛さんは、平兵衛さんの「普請御願」の記載内容全体を保証し、ともに願い出ていることになります。

宛先は、次のところです。

小堀主税様御役所（こぼりちからさま、おやくしょ）に、普請の許可を願っています。小堀主税様とは京都代官の小堀仁右衛門家のことです。延宝八（一六八〇）年に小堀正憲が京都代官に任命されて以降、幕末まで代々小堀家が世襲していました。

私たちが読んできた文書は、「小堀主税様御役所」に提出した「普請御願」の「控（ひかえ）」の文書です。控を取っていてくれたおかげで、そして、それが今日まで残っていてくれたおかげで、私たちは普請を願う時の文書や手続きを知ることができました。小屋を新築する平兵衛さん、居宅を再築する小兵衛さんの他にも、土蔵を新築したり居宅を増改築したりするために書かれた天保期の岡崎村の「普請御願」が、数点残されています。

それらはすべて、表紙の次に絵図面が書かれています。従来の建物は「墨引」、許可を願い出る部分は「朱引」なのも共通しています。

文書の内容や書き方もほとんど同じです。違反建築をしませんという箇所に、「目立候普請（めだちそうろうふしん）」は決してせず、「麁木を用ひ、手軽ニ（そぼくをもちい、てがるに）」いたします、と書かれたものもあります。許可がおりるためには、あくまで目立たず質素な普請が必要だったことがわかります。

文書から読み取れる普請の流れも、どの場合も共通しています。

普請願を提出する

↓

許可がおりる

←普請をはじめる

←普請が終わったら報告する

←違反がないか検分を受ける

大名が城を修復したり、大寺院が伽藍を建てたり、国普請で堤を築いたりするのではありません。農民が自分の敷地内に小屋を一軒建てるためだけでも、このような手続きが取られていたのです。現在、私たちが家を建てる時に建築確認申請するのと基本的に同じようなことが、江戸時代にも行われていたのですね。

これを意外だと思われたでしょうか。それとも、なるほどと納得なさったでしょうか。いちいちこんな面倒なことをしていたのか、と煩わしく思われたでしょうか。それとも、思いのほか丁寧できちんとした行政がいきわたり、堅実な生活が営まれていたと感心なさったでしょうか。墨引と朱引の普請図は、普請にかかわった人たちの息づかいを今に伝え、私たちにいろいろなことを考えさせてくれます。

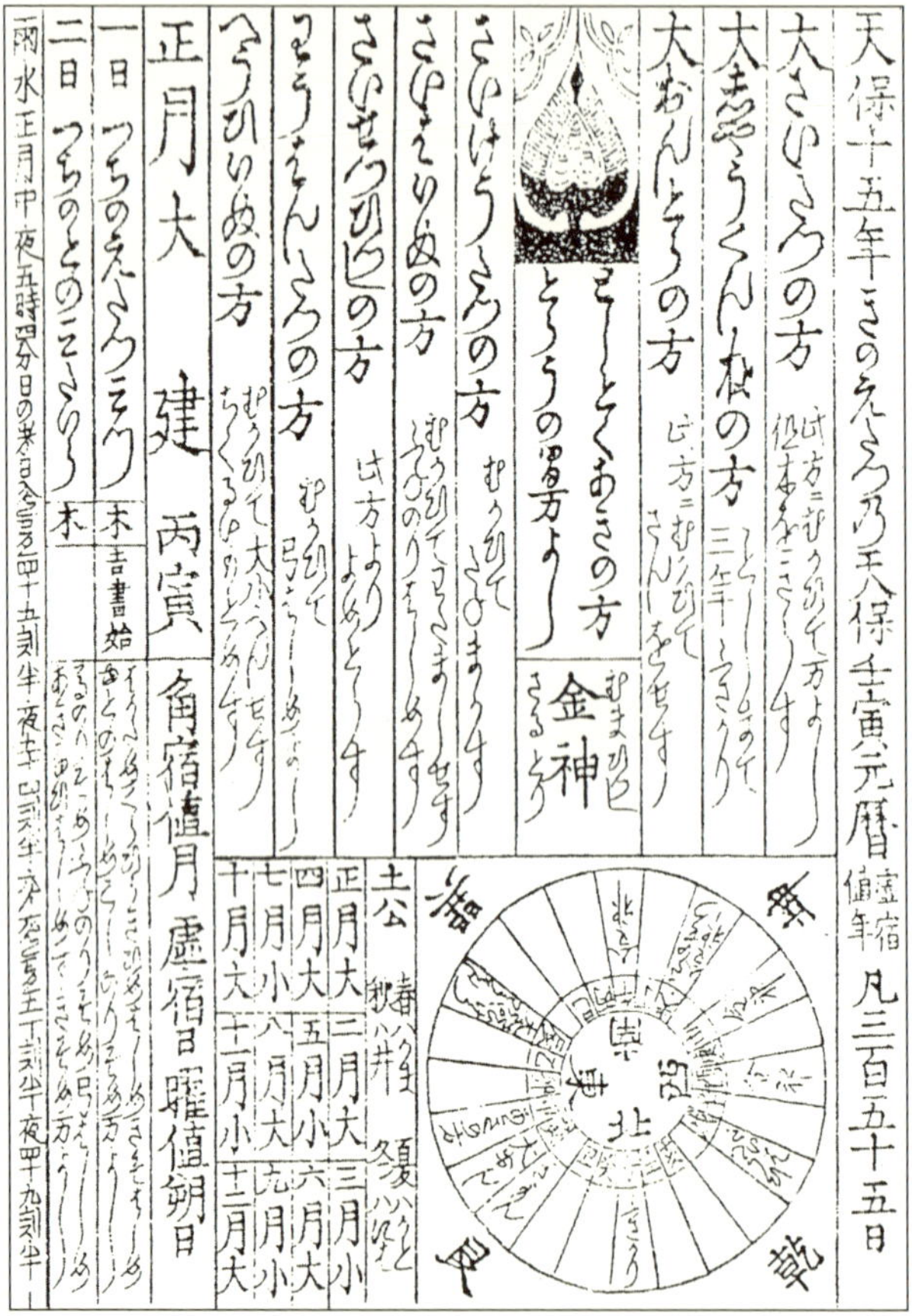

伊勢暦（『天保十五年暦』冒頭部分）

第六章

こんなことが隠れている

第一節　閏月《うるうづき》……一年はいつも十二か月？

〔江戸時代は太陰太陽暦〕

一月の次は二月、二月の次は三月、三月の次は四月……というのは、決まりきったことでしょうか。

江戸時代は、必ずしもそうではありませんでした。古文書を読んでいると、次のような書き方に出会います。

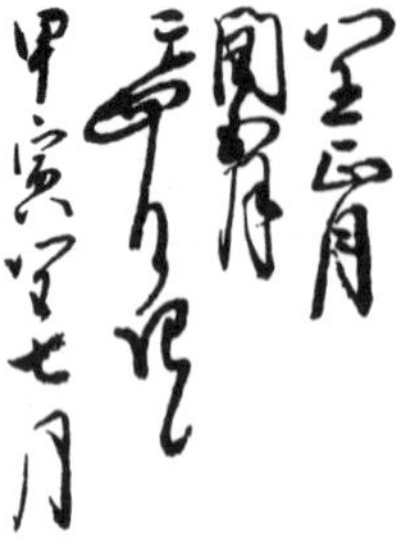

「閏正月（うるう、しょうがつ）」
「閏五月（うるう、ごがつ）」
「閏四月四日（うるう、しがつよっか）」
「甲寅閏七月（きのえとら、うるう、しちがつ）」

江戸時代は一年が十二か月とは限らず、十三か月という年が時々ありました。この一か月増える月のことを、閏月（うるうづき）と言います。右はその閏月の例です。本節では、古文書を読んでいると出てくるこの閏月、江戸時代の学習には欠かせない暦の話をしてみたいと思います。

現在でも、閏年（うるうどし）が四年に一度あります。一年が三六五日の平年に対して、三六六日の年です。二月が二十八日で終わらずに、二十九日まである年ですね。一か月分増えるのではなく、一日分増える閏年です。現在の暦は、地球が太陽のまわりを一周する期間、つまり太陽の運行をもとにした太陽暦（たいようれき）です。太陽暦にもいろいろなものがありますが、現行の太陽暦はグレゴリオ暦と言われるものです。これは一年を三六五日とする原則の上に、次のような仕組みになっていて、暦と季節のずれがなるべく少なくなるように工夫されています。

①西暦年が四で割り切れる年は閏年
②ただし、西暦年が一〇〇で割り切れる年は平年
③ただし、西暦年が四〇〇で割り切れる年は閏年

二〇〇四・二〇〇八・二〇一二年などは四で割り切れる年ですので、①にもとづく閏年です。ただし、西暦一九〇〇年・二一〇〇年などは、四で割り切れますが同時に一〇〇でも割り切れますので②に当てはまり、平年になります。さらに、西暦二〇〇〇年は一〇〇で割り切れますが四〇〇でも割り切れますから、③のルールに当てはまる四百年に一度の

閏年です。私たちは、それを実際に経験したことになります。

さて、江戸時代の場合です。

江戸時代の暦は太陽をもとにしたものではなく、月の満ち欠けをもとにした暦でした。ですから、基本的に太陰暦（たいいんれき）ということになりますが、あとで述べるようにそれに太陽の運行を加えて修正していますので、太陰太陽暦（たいいんたいようれき）と呼ばれています。これがいわゆる旧暦です。

この旧暦（太陰太陽暦）が江戸時代を通じて使われ、明治に入ってからもしばらく使われていました。新暦（太陽暦・グレゴリオ暦）に変わったのは、明治五年のことです。旧暦の明治五年十二月二日の翌日を、新暦の明治六（一八七三）年一月一日にしました。

では、太陰太陽暦の仕組みを見ていきましょう。古文書を読み江戸時代を学ぶに当たって必要な範囲で、あるいはこれらを知っていたら文書をもっと深く理解することができるという観点で、いろいろな例を挙げながらお話をしていきます。

月の満ち欠けの周期は、平均すると二十九、五三〇六太陽日です。つまり、新月（朔）から次の新月になるまで、あるいは満月（望）から次の満月になるまでの朔望月（さくぼうげつ）は、約二十九、五太陽日なのです。この二十九、五日が、月の満ち欠けをもとにしている太陰暦の一か月の長さ、ということになります。

ですから、太陰暦では、大の月は三十日、小の月は二十九日になります。現在の暦では、大の月は三十一日、小の月は三十日ですから、そもそもそこから違います。

太陰暦では実際の月の満ち欠けに合うように、三十日の月と二十九日の月を適宜組み合わせていきました。そこも、私たちの暦と異なるところです。現在のカレンダーでは、二・四・六・九・十一月（ニ・シ・ム・ク・サムライ……西向く士、と覚えました）が小の月、他は大の月と決まっていますが、江戸時代の暦では年によって違い、同じ一月でも大の月の年と小の月の年がありました。

たとえば、今から二百五十年ほど前の宝暦十（一七六〇）年と、その翌年の宝暦十一年の暦を比べてみましょう。〇で囲んだ月が大の月、囲まれていない月は小の月です。

・宝暦十年　1・②・3・4・⑤・6・7・⑧・⑨・10・⑪・⑫

・宝暦十一年　①・2・③・4・5・⑥・7・8・⑨・10・⑪・⑫

一月が小の月（二十九日）のこともあれば大の月（三十日）のこともあること、二月も同様に大・小の月があること、また大の月や小の月が二か月連続することがある、などがわかります。

ところで、大の月を三十日、小の月を二十九日にしていると困ったことが起きてきます。これを組み合わせた太陰暦の一年間（十二か月）は、三五四日ほどになります（大小の月が半々とは限らず、大の月が七か月ある年もあります）。一太陽年は約三六五日ですから、一年間で十一日間ほど太陽の動きとの差が出てしまいます。

十一日のずれは毎年毎年重なっていきます。これをそのままにしておくと、自然界の季節と暦の上での季節が違ってしまいます。これでは、ふだんの生活に差し障りがあるだけでなく、農作業をはじめとする自然を相手にする営みの在り方そのものが、成り立たなくなってしまいます。

そこで、太陰暦をもとにしている暦では、季節とのずれを修正する工夫が古くから行われていました。一年に十一日のずれは、三年で約一か月分になりますから、およそ三年に一度の割合で一か月分を加えればよいことになります。旧暦ではもう少し正確に、十九年に七度の割合で一か月分を追加して、一年が十三か月の年をつくっていました。その追加した月を閏月といいます。

暦については、内田正男編著『日本暦日原典』第四版（雄山閣出版、一九九二年）などで詳しく知ることができます。

〔閏月は役に立つ〕

一五八頁に載せた、文書の中に見られる閏月をもう一度見てみましょう。

「閏正月」は、正月（一月）の次に置かれた閏月です。その年の暦は次のように進みました。

正月→閏正月→二月→三月→四月→五月……

同様に「閏五月」がある年の暦は、次のようになっていました。

一月→二月→三月→四月→五月→閏五月→六月→七月→八月……

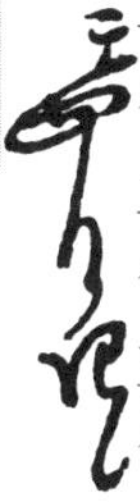「閏四月四日」の前後を書いてみましょう。

〈四月〉四月一日→四月二日……四月晦日→〈閏四月〉閏四月一日→閏四月二日→閏四月三日→**閏四月四日**→閏四月五日……閏四月晦日→〈五月〉五月一日……

晦日（みそか）は、その月の最後の日ですから、二十九日あるいは三十日ということになります。閏月も、二十九日までの場合と三十日まである場合があります。

たとえば、一六一頁で示した宝暦十一年の次の年、宝暦十二（一七六二）年の暦を見てみましょう。

・宝暦十二年　①・②・3・④・閏4・5・⑥・7・8・⑨・10・⑪・⑫

この年は、四月は大の月ですから（④）四月晦日は四月三十日です。その次の日が、閏四月一日です。閏四月は二十九日が晦日ですから（閏4）、閏四月二十九日の次の日が五月一日でした。

ところが、同じ閏四月でも次のような年があります。

・明暦二年　　1・②・③・4・閏④・5・6・7・⑧・9・⑩・⑪・12

明暦二（一六五六）年の閏四月は、三十日までありました（閏④）。

江戸時代を通じて、「閏四月」が置かれた年は、慶長十二（一六〇七）年から慶応四年（明治元・一八六八）までの間に十三回あります。ところが、「三十日まである閏四月」は、この一回だけです。〝明暦二年の閏四月〟以外の十二回の閏四月は、すべて二十九日までなのです。

このことは、わたしたち古文書を読む者にとって、とてもありがたいことです。なぜかというと年号を特定することができるからです。「閏四月三十日」と書かれた文書があったら、それだけで、その文書は明暦二年のものだとわかります。それ以外に、江戸時代には「閏四月三十日」が存在しないからです。

古文書には、年号や干支が漏れなくすべて書かれていることは、むしろまれです。

・明暦二丙申年閏四月三十日、これがすべてそろった書き方ですが、
　丙申閏四月三十日
　　申閏四月三十日
あるいは、単に
　　　閏四月三十日
とのみ書かれている文書も多いのです。手紙文などは、日にちしか書かれていないこともあります。いったいいつの文書だろうと読み込むと、話の内容や、出てきている人物名、その役職の在職期間などからだいたいの時期を判断することができる場合もありますが、手掛りがなかなかないこともあります。しかし、「閏四月三十日」に関しては、迷うことなく明暦二年の文書だと決めてしまっていいわけです。
　これは、閏月の効用です。
　もっとも「閏四月三十日」とは書かずに、「閏四月晦日」とあり、それが、二十九日のことか三十日のことか、わからないこともあります。しかし、その文書や関連文書に、その前日が二十九日と記載してあって、それで晦日は三十日だと判断できることもあります。

［干支と還暦］

一五八頁の「甲寅閏七月（きのえとら、うるう、しちがつ）」についても、お話させてください。

まずは、「甲寅」からです。

「甲」は、十干「甲乙丙丁戊己庚辛壬癸」の「甲（きのえ・コウ）」。

「寅」は、十二支「子丑寅卯辰巳午未申酉戌亥」の「寅（とら・イン）」。

これを組み合わせた干支（えと）が、「甲寅（きのえとら・コウイン）」です。

そもそも、十干と十二支をどのように組み合わせるのかを見ていきましょう。

まず、それぞれ上から順に甲と子、乙と丑、丙と寅……と組みます、

①甲子　②乙丑　③丙寅　④丁卯　⑤戊辰　⑥己巳　⑦庚午　⑧辛未　⑨壬申　⑩癸酉

ここまでで、十干はひと通りまわりましたが、十二支の方があと二つ残っています。その「戌」と「亥」が二巡目の「甲」「乙」とそれぞれ組みます。

⑪甲戌　⑫乙亥

これで、十二支も一巡しました。そこで十二支もはじめに戻り、十干の続きの「丙」と「子」を組み合わせます。

⑬丙(子)　⑭丁丑　⑮戊寅　⑯己卯　⑰庚辰　⑱辛巳　⑲壬午　⑳癸未

これを繰り返していきます。

㉑甲申　㉒乙酉　㉓丙戌　㉔丁亥　㉕戊(子)　㉖己丑　㉗庚寅　㉘辛卯　㉙壬辰　㉚癸巳
㉛甲午　㉜乙未　㉝丙申　㉞丁酉　㉟戊戌　㊱己亥　㊲庚(子)　㊳辛丑　㊴壬寅　㊵癸卯
㊶甲辰　㊷乙巳　㊸丙午　㊹丁未　㊺戊申　㊻己酉　㊼庚戌　㊽辛亥　㊾壬(子)　㊿癸丑
(51)甲寅　(52)乙卯　(53)丙辰　(54)丁巳　(55)戊午　(56)己未　(57)庚申　(58)辛酉　(59)壬戌　(60)癸亥
(61)甲(子)

はじめにあった①甲(子)（甲子、きのえね、コウシ・カッシ）が、(61)甲(子)で再び出てきました。それが六十年後だというのは、十と十二の最小公倍数が六十だということから納得できます。甲子だけでなく、他の干支も同様に六十年ごとにまわってきます。これが、いわゆる還暦です。①甲(子)（誕生・0歳）、(61)甲(子)（六十歳）というわけですね。

「甲寅」は、右の表では(51)甲寅に出てきています。これも、その六十年後に、同じ干支がまわってきます。つまり、寅年なら十二年ごとにありますが（③丙寅、⑮戊寅、㉗庚寅、㊴壬寅）、十干も同じ「甲寅」は六十年ごとです。ということは、甲寅と書かれた文書も、江戸時代に六十年ごとにあったということになります。

［閏月の効用と落とし穴］

では、江戸時代の「甲寅」の年を挙げてみましょう。

・慶長十九年……一六一四年
・延宝二年………一六七四年
・享保十九年……一七三四年
・寛政六年………一七九四年
・嘉永七年………一八五四年（十一月二十七日に安政に改元）

この五回だったことがわかります。

これらの年に「閏七月」はあったでしょうか。調べてみると、五回の「甲寅」の年の中で、「閏七月」があったのは、嘉永七年だけです。ついでに言いますと、あとは寛政六年に「閏十一月」があっただけで、あとの三回には閏月はありません。

ということは、文書にとあったら、年号が書かれていなくても、嘉永七年だと確定してよいことになります。これが、もし、「甲寅七月」でしたら、五回とも該当してしまいますが、「閏七月」だったので大助かりです。「甲寅閏十一月」とあれば、寛政六年とわかるのも、同様です。

このように、年号が書かれていなくても、干支と閏月が書かれているだけで、いつの文書かが判断できることがあるのです。閏月の記載があった場合には、それを何かの手掛りにできないかと、一応は考えてみることが必要でしょう。

一方、閏月には思わぬ落とし穴もあります。

ある人が、六月五日に旅に出て、七月五日に帰ってきました。ちょうど一か月の旅でした、とは限りません。もしかしたら、間に「閏六月」があって、二か月の旅だったのかもしれません。

普請なども同様です。道普請・池普請・寺普請・川の付け替えや沼の掘割普請など、いろいろな工事が行われている期間にも、閏月は潜んでいます。百姓一揆・打ち壊しなどの蜂起から終息までの期間も同様です。

これらのことで閏月を見落とすことは、時間的なことはもちろんのこと、経済的な負担、政治的影響などたくさんのことを誤解してしまうことになりかねません。

一月の次は二月、二月の次は三月、三月の次は四月とは限らず、閏月が入っているかもしれないということを考慮に入れて、古文書や江戸時代を理解する手助けにしてください。

第二節 間《あい》の宿《しゅく》……東海道は五十三次だけ？

〝東海道五十三次〟ですから、東海道には〝五十三次〟つまり五十三の宿場（しゅくば）がある。まさにその通りです。江戸日本橋を出て、京都三条大橋までの東海道には、第一宿の品川宿から第五十三宿の大津宿まで、五十三か所の宿場がありました。

では、その五十三宿以外に東海道には宿（しゅく）はなかったのかというと、どうもそうとばかりも言えない実態がありそうです。

白木屋文書の『明鑑録』という分厚い五冊の帳面については、第三章で御紹介しました（六〇頁）。ここでは、その『明鑑録』の中から傍島庄右衛門の場合を見ていきます。傍島庄右衛門は、白木屋日本橋店に勤めはじめてから十年目の奉公人です。手代になりたての、二十歳過ぎぐらいの奉公人と考えられます。

新米の手代は、先輩の手代たちに教わりながら、各々の持ち場の仕事を身につけていきます。庄右衛門の場合は、「御帳場（おちょうば）」の下役に配属されました。「重要な役目をあたえられてとてもありがたいことなので、それをわきまえて格別に厳重に職

務に励まなければならないはずなのに」と書かれたあとに、次のようにあります。

「其御高恩之程も不レ顧、不埒之勤方致居（その、ごこうおんのほども、かえりみず、ふらちのつとめかた、いたしおり）」と書かれてあります。つまり、庄右衛門の勤務態度がふだんから悪かったということですね。

そして、彼は家出してしまいます。白木屋日本橋店を、断りもなく抜け出してしまったのです。安政三（一八五六）年、六月二十七日の明け方のことでした。

店側は、「両海道」（東海道と中山道）へ向かう道をはじめ、庄右衛門が立ち寄りそうな心当たりの所を手分けして捜しましたが見つかりません。

「一向ニ行衛相訳り不レ申候（いっこうに、ゆくえ、あいわかりもうさずそうろう）」とあります。私たちは「行方（ゆくえ）」と書きますが、古文書では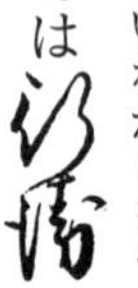「行衛」という表現がよく出てきます。白木屋では三日間捜しまわりますが手掛りがつかめず、仕方なく、そのことを七月一日に上司に報告して捜査を打ち切ります。

庄右衛門は、どこに消えてしまったのでしょうか。

彼は、結局、それから一か月以上経った八月五日に日本橋店へ連れ戻されますが、なんと驚いたことに、その間に富士山に登った上に故郷へ帰っていました。念願の〝富士山参詣〟のために家出した、と『明鑑録』にその心情が書かれています。

宿場に注目するのが本節の主旨ですので、六月二十七日に家出してから彼が「中飯（ちゆうはん）」（昼飯）をとったり、宿泊した宿（しゅく）を拾い上げていくことにします。

・六月二十七日　中飯　　布田宿
　　　　　　　　泊　　日野宿
・六月二十八日　中飯　　小仏宿
　　　　　　　　泊　　関野宿
・六月二十九日　中飯　　犬目宿

・六月晦日

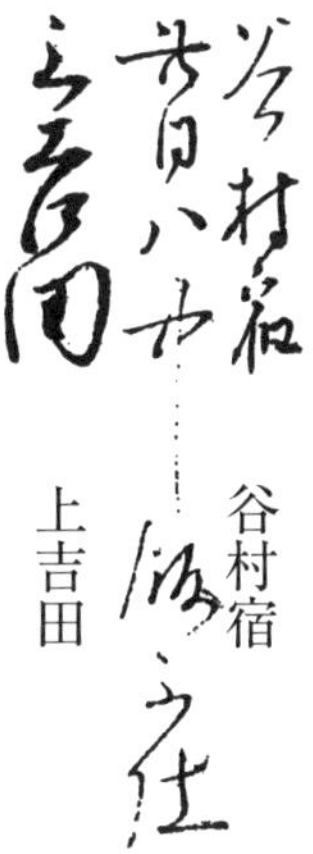

泊　谷村宿

中飯　此日ハ中飯不レ仕

泊　上吉田

江戸を出たあと、布田（ふだ）→日野（ひの）→小仏（こぼとけ）→関野（せきの）→犬目（いぬめ）、ここまでは、甲州道中を西に進んでいます（一七六・一七七頁の地図を参照）。

その次に書かれた谷村（やむら）は、甲州道中の宿ではありません。庄右衛門は、谷村路（やむらじ）に入ったのですね。谷村路は、別名富士道（ふじみち）あるいは富士街道（ふじかいどう）とも言われました。甲州道中の大月宿の西はずれから南に分かれていく道で、江戸方面からの富士山への参拝道として賑わった脇往還です。

六月二十九日に谷村、翌日の六月晦日に上吉田（かみよしだ）に泊っているのですから、目の前には美しい富士山が大きくそびえたっていたことでしょう。晦日の昼食は珍しくとっていませんが、あこがれの富士山を目の前に、胸がいっぱいだったのでしょうか。それとも、昼食をとる間も惜しんで先を急いだのか、あるいはそろそろ路銀が尽きてきたのでしょうか。

彼は、翌日から「登山」にかかります。

・七月朔日　　中飯　　三合目
　　　　　　　泊　　　七合三勺目

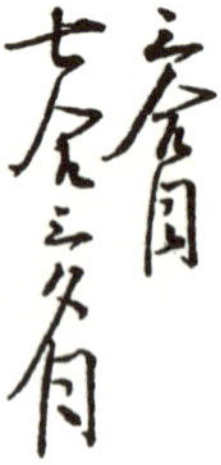

そして、七月二日には「富士様江参詣仕（ふじさまへ、さんけいつかまつり）」と書かれていますので、山頂の浅間大社に念願の参詣ができたのでしょう。そして、山頂から一気に須山（すやま）までくだっています。

・七月二日　　中飯　　須山宿
　　　　　　　泊　　　佐野宿

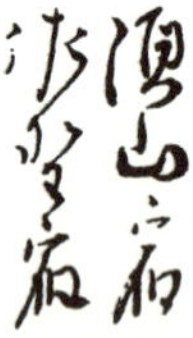

翌日の七月三日、目的を達した庄右衛門は我に返り後悔したようです。白木屋の家法に背き、恩を忘れた行いをしてしまったのだから、今さら店には戻れない。そうかと言って故郷の親にも合わせる顔がない。これからどうしようかと迷ったあげく、結局、彼は「国元」にひとまず帰ろう、という結論を出します

「夫ゟ東海道筋江罷出、沼津宿迄罷越シ申候（それより、とうかいどうすじえ、まかりいで、ぬ

まづしゅくまで、まかりこしもうしそうろう）」とあります。

江戸を出てから甲州道中を進み、富士山への参詣を経て、東海道に出てきたことになります。沼津は東海道第十二宿です。

- 七月三日　中飯　沼津宿
- 　　　　　泊　　原宿
- 七月四日　中飯　由井宿
- 　　　　　泊　　府中
- 七月五日　中飯　藤枝宿
- 　　　　　泊　　日坂
- 七月六日　中飯　袋井宿
- 　　　　　泊　　二川宿

沼津（ぬまづ）↓原（はら）↓由井（由比・ゆい）↓府中（ふちゅう・静岡）↓藤枝（ふじえだ）↓日坂（にっさか）↓袋井（ふくろい）↓二川（ふたがわ）。持っていた衣類などを旅籠の主人に頼んで売り払ってもらい、それを旅費にしたり、新居（あらい）の関所（今切関）を避けるために裏道を通ったりしながら、東海道を西へと帰郷の旅を続けています。

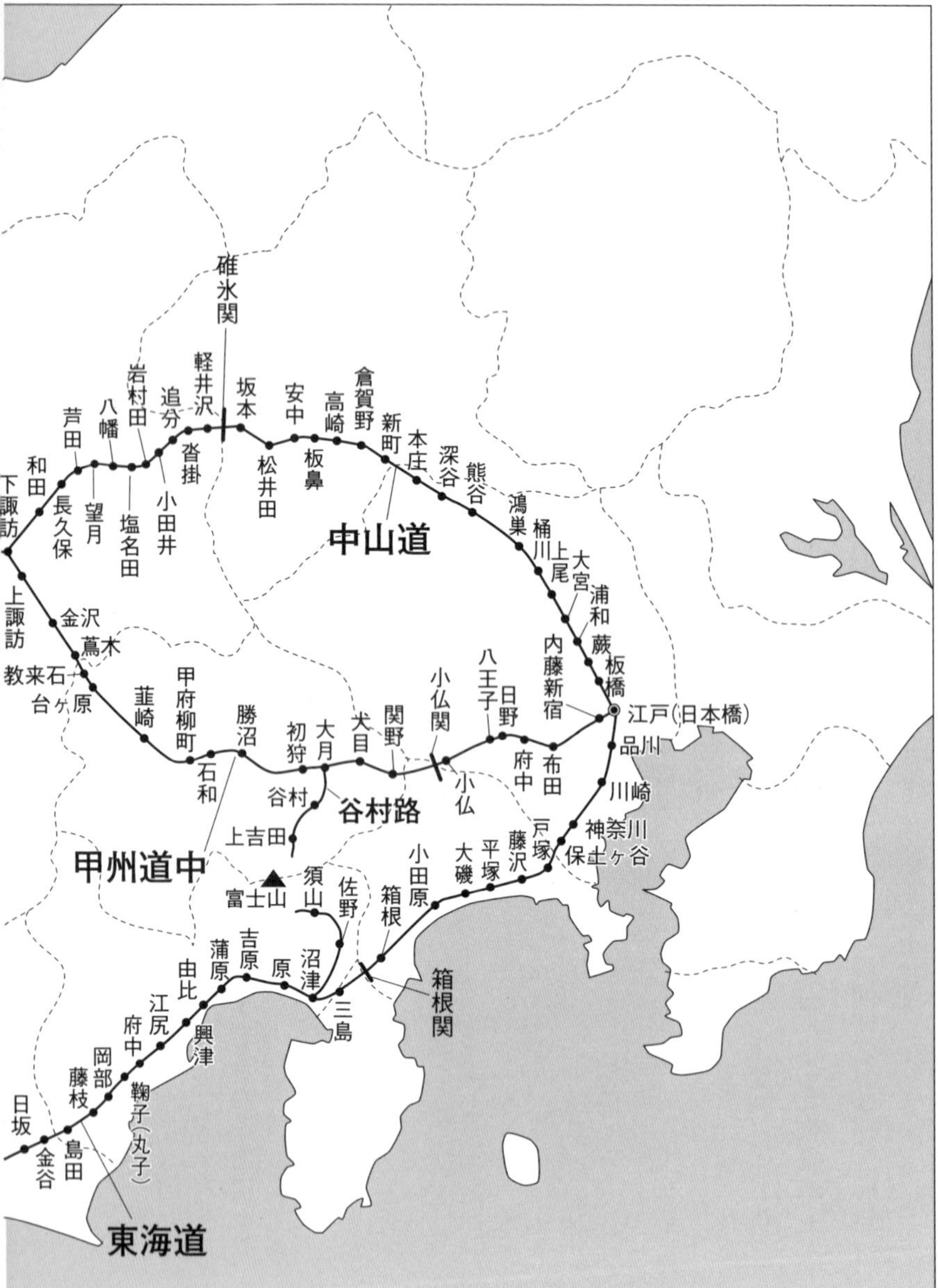
碓氷関
中山道
甲州道中
谷村路
東海道
箱根関
小仏関
江戸(日本橋)
下諏訪
和田
芦田
八幡
岩村田
追分
軽井沢
坂本
安中
高崎
倉賀野
新町
本庄
深谷
熊谷
鴻巣
桶川
上尾
大宮
浦和
蕨
板橋
長久保
望月
塩名田
小田井
沓掛
松井田
板鼻
上諏訪
金沢
蔦木
教来石
台ヶ原
韮崎
甲府柳町
石和
勝沼
初狩
大月
犬目
関野
小仏
八王子
日野
府中
布田
内藤新宿
谷村
上吉田
富士山
須山
佐野
品川
川崎
神奈川
保土ヶ谷
戸塚
藤沢
平塚
大磯
小田原
箱根
三島
沼津
原
吉原
蒲原
由比
興津
江尻
府中
鞠子(丸子)
岡部
藤枝
島田
金谷
日坂

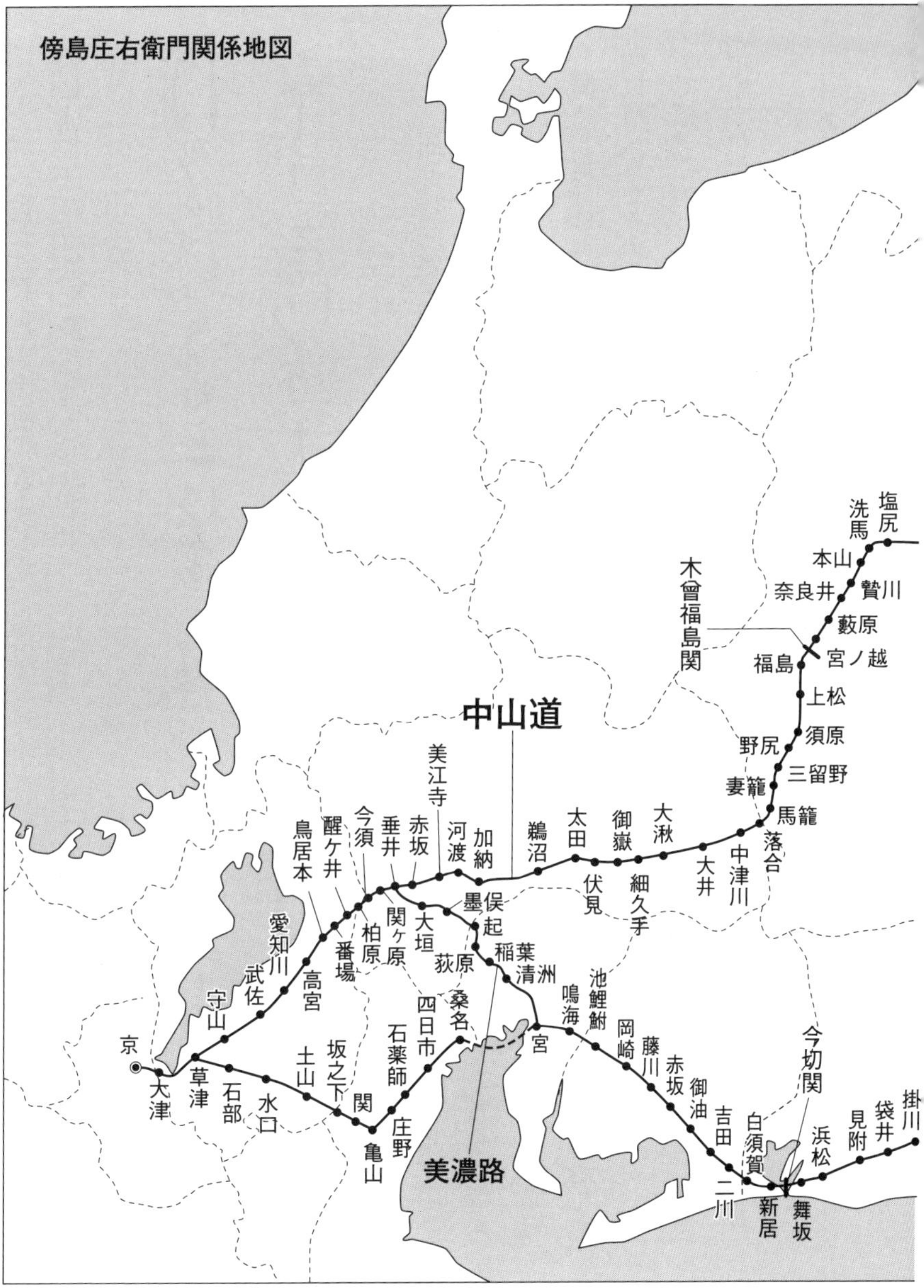
傍島庄右衛門関係地図
中山道
美濃路
京
大津
草津
石部
水口
土山
坂之下
関
亀山
庄野
石薬師
四日市
桑名
宮
鳴海
池鯉鮒
岡崎
藤川
赤坂
御油
吉田
二川
白須賀
新居
今切関
舞坂
浜松
見附
袋井
掛川
守山
武佐
愛知川
高宮
鳥居本
番場
醒ケ井
柏原
今須
関ヶ原
垂井
大垣
赤坂
美江寺
河渡
加納
墨俣
起
荻原
稲葉
清洲
鵜沼
伏見
太田
御嶽
細久手
大湫
大井
中津川
落合
馬籠
妻籠
三留野
野尻
須原
上松
福島
宮ノ越
木曾福島関
藪原
奈良井
贄川
本山
洗馬
塩尻

さて、一番お話したい箇所にきました。

七月七日の記載を書き出してみます。

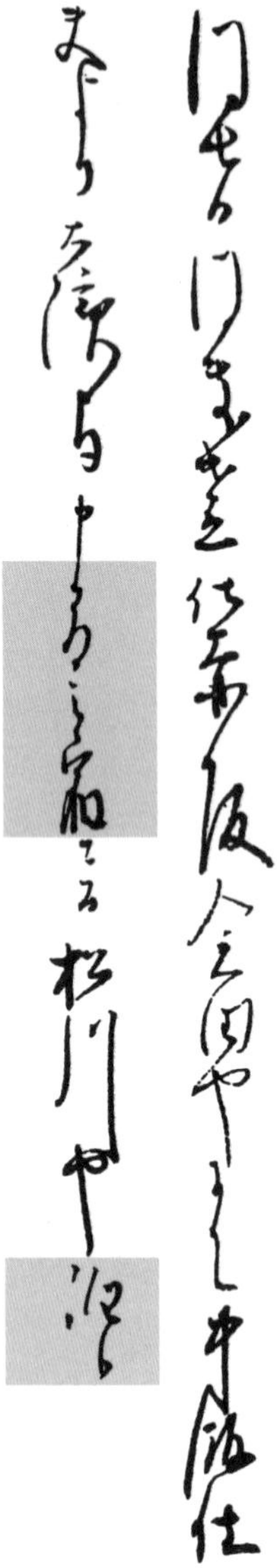

同七日同処出立仕、赤坂倉田やにて中飯仕、夫より大浜と申、間之宿二而松川や泊り、

どうなのか、どうしょしゅったつつかまつり、あかさかくらたやにて、ちゅうはんつかまつり、それより、おおはまともうす、あいのしゅくにて、まつかわやとまり、

同所（前日に泊った二川宿）を出て、吉田宿（よしだじゅく）、御油宿（ごゆじゅく）を通過して、赤坂宿（あかさかじゅく）でお昼ごはんを食べたのですね。

では、この日、庄右衛門が泊ったのはどこでしょうか。「大浜」という「間之宿」の「松川屋」に泊った、とあります。中飯をとった赤坂宿の少し先を見ても、東海道に「大浜」

という名の宿は見当たりません。脇道にそれてしまったのでしょうか。それとも、ずっと先まで進んでしまったのでしょうか。

翌八日に、どんな地名が出てくるかを調べる必要がありますね。

「八日出立、鳴海宿杢屋に而中飯仕（ようか、しゅったつ、なるみしゅく、まつやにて、ちゅうはんつかまつり）」と書かれてありました。東海道からそれていないようです。鳴海宿は、江戸から数えて四十番目の東海道の宿場町です。庄右衛門は八日に、その鳴海宿で昼食をとっています。ということは、七日に泊った「大浜」は、赤坂宿と鳴海宿の間にあると考えられます。赤坂と鳴海の間には、どんな宿場町が連なっているのでしょうか。

赤坂（七日中飯）→藤川（ふじかわ）→岡崎（おかざき）→池鯉鮒（知立・ちりゅう）→鳴海（八日中飯）

「大浜」は見当たりません。どう考えたらいいのでしょうか。そこでヒントになるのが、文書に書かれている「間の宿（あいのしゅく）」という言葉です。

五街道をはじめとする主要な街道や、往来の多い脇街道などの宿場と宿場の間には、「間の宿（あいのしゅく）」（間宿・合の宿）、あるいは「間の村（あいのむら）」と称される所があり、茶店などの休息所があって旅人が休憩していました。

では、今まで庄右衛門が中飯をとったり泊ってきた「宿場」と呼ばれるものと、「間の宿」は、どこが違うのでしょうか。「宿場」は幕府公認の宿であり道中奉行の支配下にある町場でしたが、「間の宿」は幕府に許可された宿（しゅく）ではなく、規模が大きいとしても行政上はその地域の村なのです。

宿場間の距離が長い場合、旅人たちは休息の場を必要としたでしょう。また険しい山道などの旅の難所では心身の負担が大きいですから、一息入れたいと願ったことでしょう。旅人の往来や物資の輸送が増えるにしたがってそのような需要は増しますから、それに応える形で「宿場」と「宿場」の間に、「間の宿」が生まれたのもうなずけます。

一方、「間の宿」の中には、江戸時代の宿駅制度ができる以前からすでに交通の要所として発達していた場所もあります。たとえば、東海道の菊川（きくがわ）は、中世に栄えていた宿でした。ところが、江戸時代の「東海道五十三次」の中には入れられず、「宿場」である金谷（かなや）と日坂（にっさか）の間にある「間の宿」として存在しました。この菊川のように、江戸時代にはそれぞれ何らかの理由で「宿場」とは公認されないまでも、「間の宿」というかたちで機能していた宿もあります。

つまり、はじめは「立場（たてば）」（継立場・継場）と呼ばれる小さな休息所からスタートして、やがて集落を形成するようになって「間の宿」と呼ばれるようになっていったものもあれば、はじめから幕府公認の宿場よりも大きな「間の宿」も存在したのです。東海道では、菊川の他にも、小田原宿と箱根宿の間の畑宿、吉原宿と蒲原宿の間の岩淵、池鯉鮒宿と鳴海宿の間の有松などが、よく知られた「間の宿」でした。

「間の宿」は、公認でないがゆえに幕府の強い規制を受けました。旅人を休息させることは許可されていましたが、宿泊は禁止されていたのです。その両側の宿場が、宿泊客をとられてしまうからです。幕府は「間の宿」での宿泊は、「本宿」の「障ニ成、不届（さわりになり、ふとどき）」であるとしています。公認している宿場町の方を守ろうとする側に立っているわけです。宿場や交通史については、児玉幸多校訂『近世交通史料集』1〜10（吉川弘文館、一九六七年〜一九八〇年）、児玉幸多編『日本史小百科〈宿場〉』（東京堂出版、一九九九年）などで、詳しく学ぶことができます。

「間の村」で宿泊させれば、本人はもとより村役人も罰するという禁令が、正徳五（一七一五）年・享保八（一七二三）年・文化二（一八〇五）年に道中奉行から出されています。繰り返し出されていることから、違反が絶えなかったことがわかります。まさに、その「間の宿」での宿泊の例が庄右衛門ですね。彼が安政三（一八五六）年の七月七日に、大浜という「間の宿」の松川屋に泊った、と確かに書かれてありました。

大浜は岡崎宿と池鯉鮒宿の間にあった「間の宿」で、大浜茶屋村というのがその村名です。大浜茶屋村の東隣には宇頭茶屋村という「間の宿」もありました。

この二つの「間の宿」については、『安城市史』（一九七一年）、『安城市史　資料編』（一九七三年）、『新編安城市史2　通史編近世』（二〇〇七年）、『新編岡崎市史3　近世』（一九九二年）などの自治体史で調べることができます。

それによると、大名の休息をめぐっても「宿場」と「間の宿」の間で争っていたことがわかります。天明五（一七八五）年、大浜茶屋では「今後は、岡崎・池鯉鮒両宿本陣の営業に迷惑をかけるので、大名から命じられても、小休息は別にして昼休みは断る。一般の旅行者を宿泊させることも両宿の旅籠屋に迷惑をかけるのでやめる。」としています。しかし、財政難に苦しむ大名にとっても、宿場本陣より低額の休息料で済む「間の宿」の方が好ましかったようで、その後も大浜茶屋での大名の休息は継続されていたようです。「大浜茶屋での昼休みの予定をこちらに変更してほしい」との願書が、文化七（一八一〇）年とその翌年に岡崎宿本陣から出されています。

一般の旅人から参勤交代の大名行列まで、様々な人たちが江戸時代の街道を往来していましたから、彼らがどこで休んだり泊ったりするかは、「宿場」や「間の宿」の死活問題だったのですね。大浜茶屋は岡崎宿や池鯉鮒宿との度重なる紛争だけでなく、その権利をめぐって宇頭茶屋とも争論していることがわかります。

さて庄右衛門ですが、その後、東海道の宮宿（みやのしゅく）から美濃路（みのじ）に入り、美濃国安八郡（あんぱちぐん）野口村の親類宅に着き、そこで三日間世話になりました。親元には面目次第もなく自分から帰ることができなかったのですが、知らせを受けてびっくりして引き取りに来た両親に連れられて生家に戻りました。しかし、そこにいたのはたった一日だけで、東海道を今度は江戸に向かいました。「元来、入魂之仁（がんらい、じっこんのじん）」であった大垣藩の「家臣柿本市右衛門様」にすべての事情を話したところ、翌日に江戸屋敷に向けて出立するので家来同様の形で旅をするようにいわれ、しかも親類の梅吉が付き添って江戸に着きました。彼はその後、白木屋日本橋店で取り調べを受け、結局解雇されて、また故郷に向かっています。

第三節　おどし鉄炮……村に鉄炮があった？

江戸時代の村に鉄炮があった。と聞くと〝そんなことが許されていたのか〟と、意外に思われるのではないでしょうか。

〝刀狩〟で農民は武器を取り上げられた。武士以外のものが武器を所持することを禁じ、それらを没収することによって兵農分離が行われ、近世がはじまった。つまり、それまでは農民も刀剣などの武器を持っていて、いざという時には領主のもとに駆けつけて戦ったり、自分たちの村を自分たち自身で守ったりしていたので、農民と武士の区別が必ずしもはっきりしていなかった。

武器を差し出させることによって、武器を持つ武士身分（兵）と持たない農民身分（農）とに、はっきり分かれた。そして、武士や商工業者は城下町に集まって住み、農民は村に住んだ。

こんなふうに学び、理解なさってきた方が多いでしょうから〝刀より危なそうな鉄炮なんて、江戸時代の村にあるはずがない〟と思っていらっしゃるかもしれません。

しかし、私たちが村の文書を読んでいると、「鉄炮」が出てくるのです。その〝鉄炮〟の〝炮〟は、ほぼ例外なく、このように「ひへん」で書かれています。江戸時代の文書では、私たちが書く「いしへん」の〝砲〟には、めったにお目にかかりません。文書の中からいくつか拾ってみましょう。

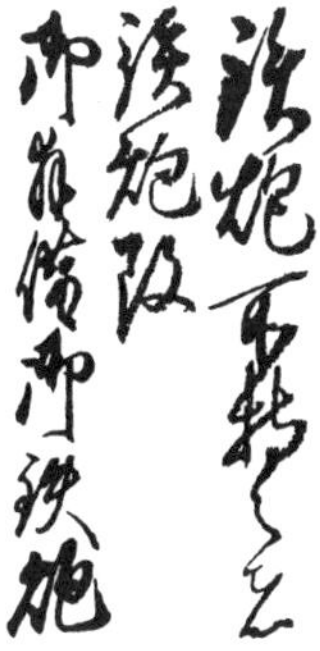

「鉄炮所持之者（てっぽう、しょじのもの）」
「鉄炮改（てっぽうあらため）」
「御拝借御鉄炮（ごはいしゃく、おてっぽう）」

では、村の文書に鉄炮はどのように出てくるのか、なぜ村に鉄炮があり、どのように管理されていたのかを見ていくことにしましょう。

表紙に次のように書かれた、元禄十五（一七〇二）年十月の帳面があります。

「仕上鉄炮御改一札（つかまつりあげる、てっぽうおあらため、いっさつ）」と読めます。これは、

山城国相楽郡西法花野村（やましろのくに、そうらくぐん、にしほうけのむら）の庄屋淺田五郎兵衛など村役人から、付近の十三か村を束ねている大庄屋の畑山又左衛門に出されたものです。どんなことが書かれているのでしょうか。文書のはじめの部分を載せてみます。

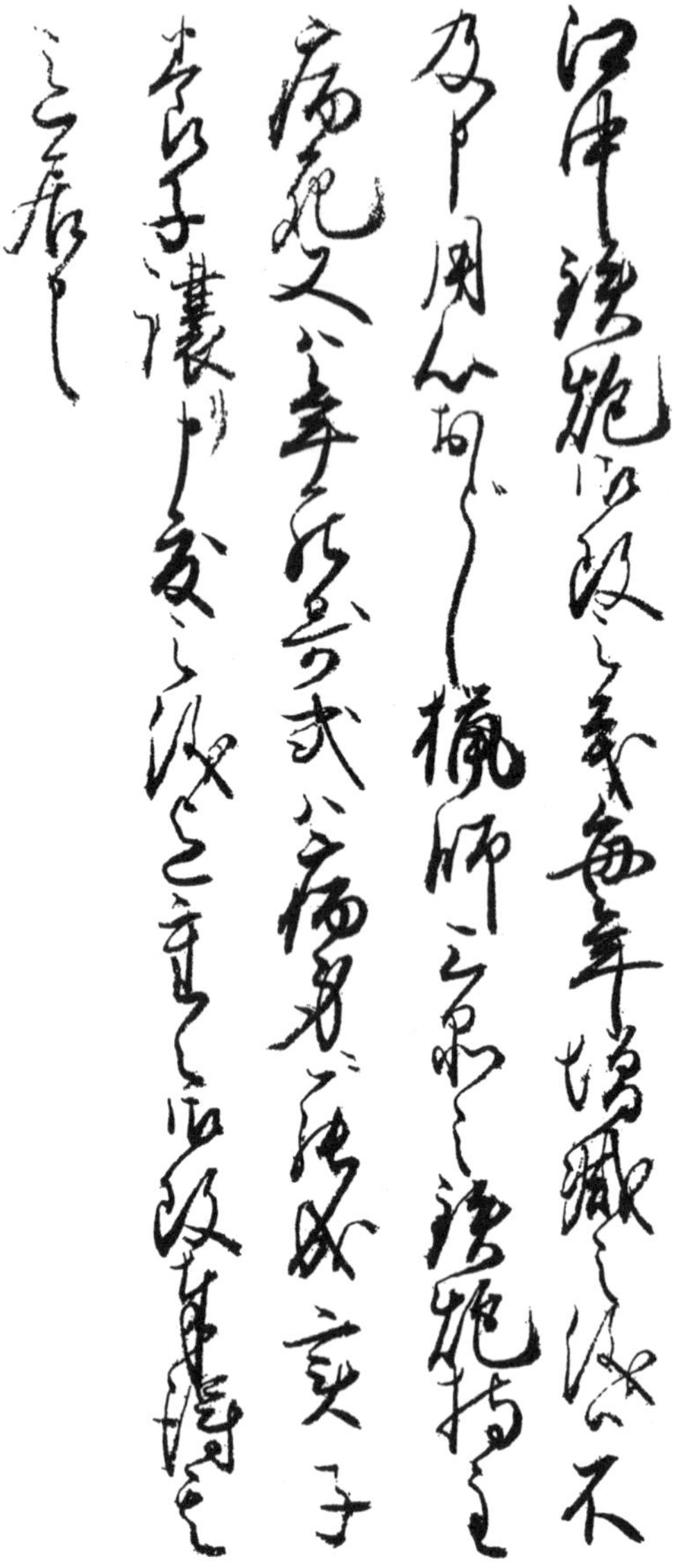

郷中鉄炮御改之義、毎年増減之儀ハ不レ及レ申、用心・おどし・猟師三品之鉄炮、持主病死又ハ年罷寄、或ハ病身ニ罷成、実子・養子譲り申度之儀迄重々御改、奉レ得二其意一居申候、

ごうちゅう、てっぽうおあらためのぎ、まいとし、ぞうげんのぎは、もうすにおよばず、ようじん・おどし・りょうし、さんしなのてっぽう、もちぬしびょうし、または、としまかりより、あるいは、びょうしんに、まかりなり、じっし・ようし、ゆずりもうしたきのぎまで、じゅうじゅうおあらため、そのい、えたてまつりおり、もうしそうろう、

ここからは、いろいろなことがわかります。整理してみましょう。

①村々で「鉄炮御改」、つまり鉄炮についての取り調べが、毎年行われている。
②村にある鉄炮には、三種類ある。
③それらは、「用心鉄炮」「おどし（威し）鉄炮」「猟師鉄炮」である。
④その三品の鉄炮数の増減について、毎年調べがあるのはもちろんのことである。
⑤その他、それぞれの鉄炮が、勝手に持主が変わっていないかも厳しく調べている。
⑥たとえ実子や養子であっても、親が病死・病身、また年を取ったからといって、勝

手に鉄炮を譲りうけることはできない。許可を得る必要がある。

「用心鉄炮」とは、村に入ってくる盗賊や不審者から村を守るための鉄炮。「おどし（威し）鉄炮」とは、大切な農作物を荒らす猪・鹿・猿などをおどすための鉄炮。「猟師鉄炮」とは、文字通り猟師が狩りに使う鉄炮です。

さらに文書には、「御帳ニ付居申鉄炮之外（おんちょうにつけおりもうす、てっぽうのほか）」、つまり、許可されて帳面に記載されている鉄炮（帳付鉄炮・ちょうづけてっぽう、という言い方があります）以外の鉄炮は、村には一挺もない、と書かれています。村人たちが親類から預っている鉄炮もなければ、売鉄炮を買い求めて所有しているものもいない。村で念を入れて調べているので間違いはないが、もし万が一にも隠し持っているものがいた場合には、それは庄屋・年寄の「越度（おちど）」である。その場合にはどんな申し開きもできないので、少しもおろそかにしないできちんと調べている、とあります。

村の責任者である村役人（庄屋・年寄）から大庄屋に対して、〝うちの村では、許可された種類の鉄炮を、許可されたものが、許可された挺数だけ持っているのであって、決して隠し鉄炮はない。毎年の取り調べも厳密に行っている〟と、保証しているわけです。

具体的には、五人組（五戸ずつの組）ごとに取り調べの責任を持たされたようで、次のように書かれています。

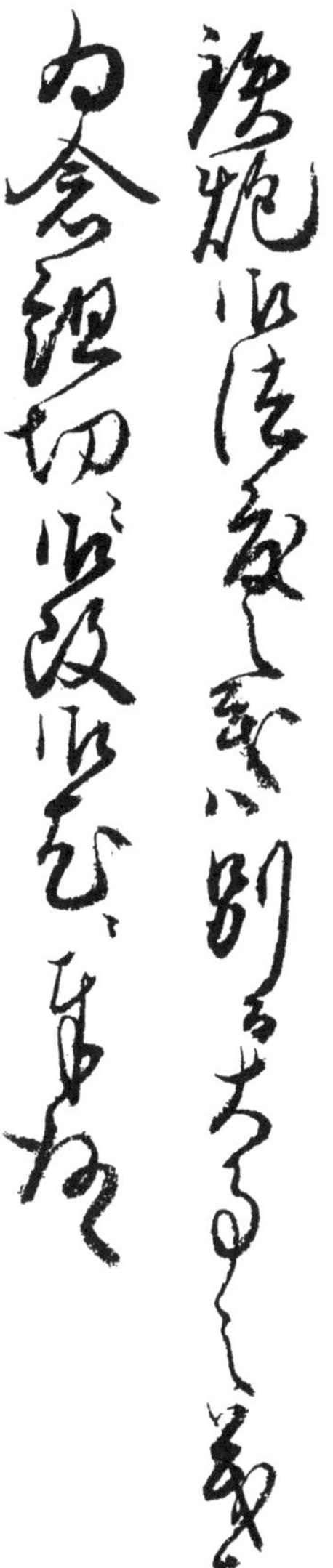

鉄炮御法度之義ハ、別而大事之義故、為レ念組切ニ御改、御尤ニ奉レ存候、

てっぽう、ごはっとのぎは、べっしてだいじのぎゆえ、ねんのため、くみぎりにおあらため、ごもっともに、ぞんじたてまつりそうろう、

「組切ニ」は、五人組を単位として五人組ごとに、という意味です。そして、五人組の中から違反者が出た場合には、組のものは同罪として扱われても「少も御恨（すこしも、おうらみ）」しないし、「一言之申分ケ（ひとことの、もうしわけ）」（ほんの少しの言い逃れ、弁明）もしない、と書かれてあります。

その五年後の宝永四（一七〇七）年二月に書かれた  「鉄炮一札」という表

題の、ほぼ同様の趣旨の帳面も残されています。そこに書かれた文言を拾ってみても、やはり鉄炮に関しては、領主側も村側も念を入れた対応を取っていることがわかります。「鉄炮御法度之儀（てっぽうごはっとのぎ）」つまり原則的に鉄炮所持は厳禁されているので、うちの村でも「五人組切ニ（ごにんぐみぎりに）」厳しく「御吟味（ごぎんみ）」しているが、「御帳付之者之外ニ（おちょうづけのもののほかに）」鉄炮を所持しているものは、ひとりもいなかった。これ以後も常々「五人組切ニ」「穿鑿（せんさく）」して背かせないようにする、としています。

個々の家はもちろんのこと、五人組が連帯して、また村役人が村全体の責任者として、「帳付」以外の違反の鉄炮を、決して所持させたり借りたり買ったりさせないことを保証している文書といえます。

では、実際に、西法花野村ではだれがどんな鉄炮を持っていたのでしょうか。それらがわかる文書をさがしてみました。

は「おとし・おどし・威し」のことです。「預り申、おとし鉄炮之事（あずかりもうす、おどしてっぽうのこと）」と書かれてあります。元禄六（一六九三）年の八月十五日付けのこの文書からは、西法花野村の「権平（ごんべえ）」が、「威し鉄炮」を持っていたことがわかります。

その鉄炮は「長サ三尺弐寸（ながさ、さんじゃくにすん）」とありますから、九十七センチメートルぐらいです。

文書の前半では、庄屋の淺田金兵衛など村役人が、大庄屋の畑山又左衛門に宛てて、次のように言っています。

①持主の権平は、毎年三月晦日から十月晦日まで、この「威し鉄炮」を預って（所持して）よいとされていて、現在手元に持っています。

②これは「威し鉄炮」ですから、それを使って猟は決してしませんし、たとえ、権平の親子兄弟であっても貸すことはしません。

③この「威し鉄炮」は、十月晦日に大庄屋方に返上しますので、また来年の三月晦日にお預けください。

④そのために、庄屋・年寄・持主が判を押して、この書類を差し上げます。

そして後半には、大庄屋の畑山又左衛門が領主側に差し出した文章が書かれています。そこには、次のようにあります。

⑤庄屋たちが右に書いた書類には、間違いはありません。

⑥毎年十月晦日に鉄炮を取り上げて私のもとに預り置き、翌年の三月晦日に持主に預けています。

⑦間違いがないように念を入れて行っています。

この文書からは、鉄炮は基本的に大庄屋の手元で保管されていたこと。そして、必要な期間だけ「月切（つきぎり）」で、何月から何月までと区切って戻してもらったことがわかりました。しかも、それを本人（持主）が「預る」という形を取っていました。「威し鉄炮」を本人が「預る」三月晦日から十月晦日は、農作物を栽培する時期ですから、大切な作物を荒らす動物などに対処する必要があったのでしょう。

では、それから百年ほど経った寛政三（一七九一）年四月の文書を見てみましょう。

右が、その文書の表題です。「就二御尋一口上書（おたずねにつき、こうじょうしょ）」とあります。何かを尋ねられたので、それに対する返答を書き留めたものです。だれが何を「御尋」になり、それに対して、だれが何を答えているのでしょうか。

少し長くなりますが「御尋」の内容がわかる部分を引いてみましょう。

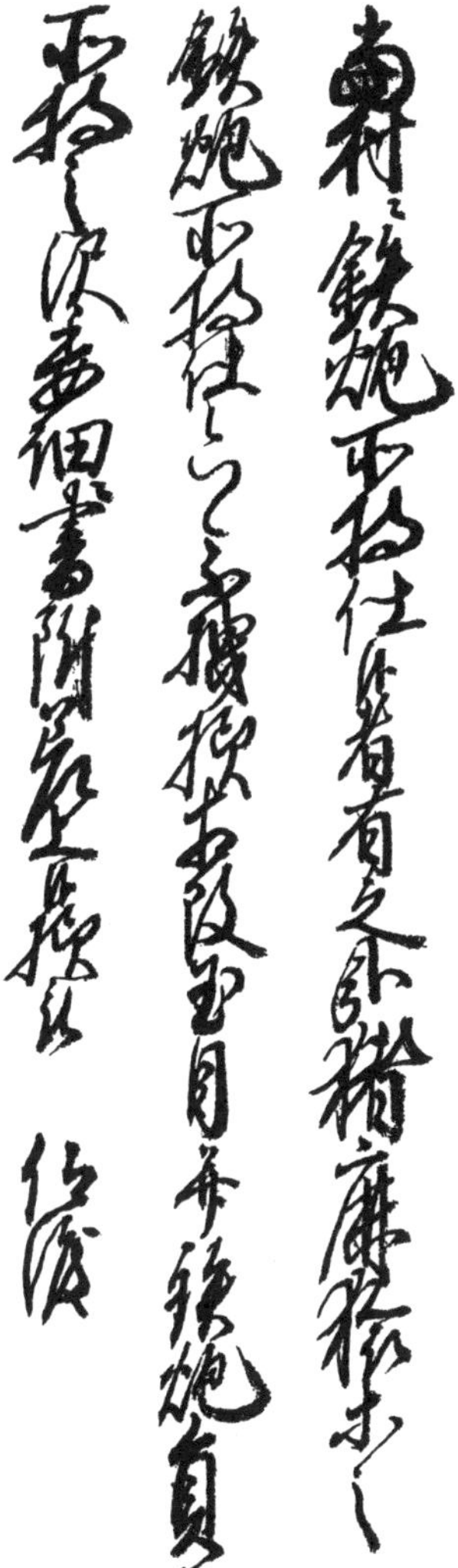

当村ニ鉄炮所持仕候者有レ之哉、猪・鹿・猿等之威鉄炮所持仕候ハヽ、不レ洩様相改、
玉目并鉄炮貝数、所持之訳、委細ニ書附、差上候様被二仰渡一

とうそんに、てっぽうしょじつかまつりそうろうもの、これあるや、いのしし・しか・さるなどの、おどしてっぽう、しょじつかまつりそうらわば、もらさざるようあいあらため、たまめ、ならびに、てっぽういんずう、しょじのわけ、いさいにかきつけ、さしあげそうろうよう、おおせわたされ、

この文書は、「御奉行様」宛てに返答していますので、奉行所から鉄炮所持についての尋ねがあったのですね。村の中に鉄炮を所持しているものがいるかどうか、いる場合にはその鉄炮の「玉目（たまめ）」（玉の重さ）、挺数、所持している理由などを詳しく書いて差し出すように仰せ付けられた、とあります。

それに対して、村では次の三挺の鉄炮を所持していると答えています。

・鉄炮壱挺　玉目弐匁五分　金兵衛預り
（てっぽういっちょう、たまめ、にもんめごふん、きんべえあずかり）

・鉄炮壱挺　玉目弐匁五分　平左衛門預り
（てっぽういっちょう、たまめ、にもんめごふん、へいざえもんあずかり）

・鉄炮壱挺　玉目弐匁　　庄屋預り
（てっぽういっちょう、たまめ、にもんめ、しょうやあずかり）

発射する弾の大きさを重さで表していたことがわかります。一匁は三・七五グラム、一分はその十分の一に当たりますので、「弐匁五分」で、九・三七五グラムということになります。しかし、「威し鉄炮」では実弾を発射しません。空砲で鳥獣を威して追い払うだけです。文書には「猪や鹿や猿が多く、耕作を荒らしている」とあります。そのために、

「玉込不レ申、猪・鹿・猿等之威ノため（たまごめもうさず、いのしし・しか・さるなどの、おどしのため）」に、この三挺を、

「藤堂和泉守殿ゟ往古奉レ預候（とうどういずみのかみどのより、おうこ、あずかりたてまつりそうろう）」とあります。文書には「年久敷儀ニ而（としひさしきぎにて）」、つまり、長い年月が経ってしまったので、いつごろから預ったのかはわからなくなってしまいましたが、とにか

く領主であるお殿様から許可を得て預っているのです、と書かれています。

「畜類・鳥類等打候儀、一切無㆓御座㆒候（ちくるい、ちょうるいなど、うちそうろうぎ、いっさい、ござなくそうろう）」とあります。玉込していない鉄炮でおどしているだけで、鳥獣を撃つことはしていない、と言っているのですね。文書ではさらに、三挺の持主以外には、鉄炮を所持しているものは当村にひとりもいないと強調しています。

差出人は、上狛村の「庄屋、七郎右衛門」（淺田七郎右衛門）と「年寄、又七」になっていますので、西法花野村を含む狛四ケ村といわれる地域、西法花野村・東法花野村（ひがしほうけのむら）・野日代村（のびたいむら）・新在家村（しんざいけむら）でこの三挺を共有していたと考えられます。

戦乱が終わり、江戸幕府が開かれてから数十年以上経った十七世紀後半には、耕地が急速に拡大しました。新田開発などによって住むところを追われた鳥獣による被害も拡大し、それに対応するために農村にも鉄炮が普及したのでしょう。貞享四（一六八七）年、五代将軍徳川綱吉の時代に、全国的な規模で村々にある鉄炮の調査が命じられました。

許可されたのは、「猟師鉄炮」（狩猟用）、「威し鉄炮」（鳥獣害用）、「用心鉄炮」（治安用）で、領主から「預け」られて借用するという形で、少数の所持が許可されました。貞享の鉄炮改めの結果、許可された農民所持の鉄炮がすべて領主によって登録され、それ以外は隠し鉄炮として摘発の対象になったことになります。

それ以後、猪や鹿などの被害が激しい時には、玉込鉄炮（実弾）の使用が認められる幕令が出されたこともありますが、〝鉄炮は、領主が村人に預けているものである〟という原則は、継承されていったと考えられます。農民たちは、預り証文を毎年提出し、濫用しないことを約束しました。持主変更についても願い出て許可を得ました。

鉄炮は、江戸時代の農民たちにとって、武器というよりは、むしろ鳥獣害を防ぐために必要な農具の範疇だったという指摘があります。塚本学著『生類をめぐる政治―元禄のフォークロア』平凡社ライブラリー18（平凡社、一九九三年）や、根崎光男著『生類憐みの世界』江戸時代史叢書23（同成社、二〇〇六年）からは、農民層が持つ鉄炮（在村鉄炮）という視点はもちろんのこと、人と鳥獣の歴史人類学的考察や江戸期の諸状況を学ぶことができます。

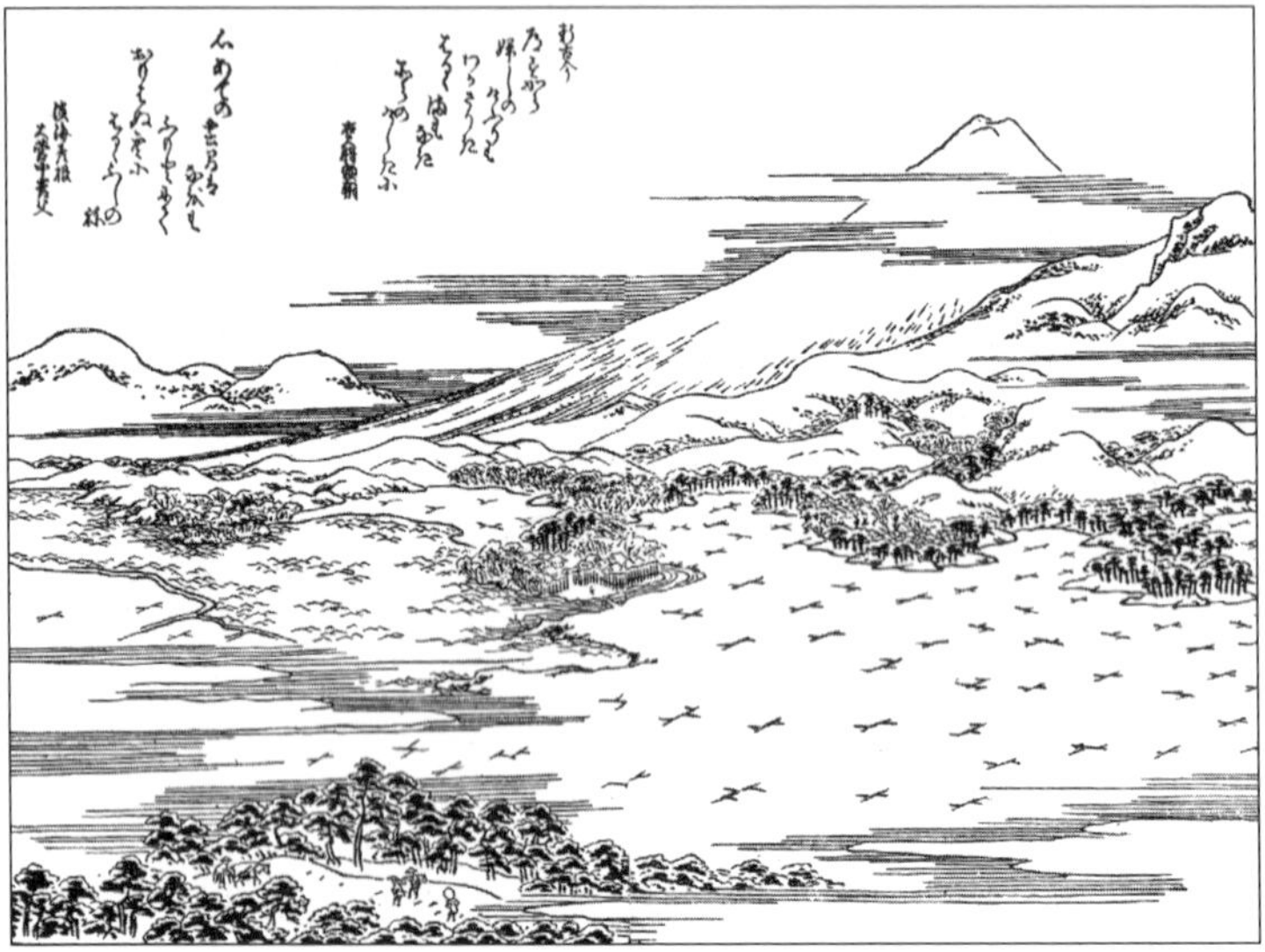

富士山の雄姿（『東海道名所図会』）

第七章

こんなに変わらない

第一節　二百年前の詐欺の手口は？

〝江戸時代にも、今と同じようにこんなことがあったのか〟と思うことが、古文書を読んでいるとしばしばあります。

何百年経っても、どんなに社会制度が変わっても、人間が考えたり行ったりすることは、それほど変わりはしないのですね。だからこそ、古文書から読み取れる江戸時代の姿に、本当にそうだと共感したり、思わず苦笑したり、勇気づけられたり、反省させられたりするのかもしれません。

本章では、そういう意味で、現代と「こんなに変わらない」江戸の姿に焦点を当てます。まずは「詐欺」からです。〝オレオレ詐欺〟〝振り込め詐欺〟などといわれる詐欺が、ここ何年間も問題になっています。巧妙な手口ゆえに多額の被害が出て、深刻な事態になっています。江戸時代にも詐欺はあったのか。あったとしたら、手口はどのようなものだったのか。その例がわかる古文書を取り上げてみます。

幕府が「大目付」を通じて全国に触れ出した文書を読み、幕府がどんなこ

とを言っているのか、耳を傾けてみましょう。

奉行所、吟味引合等ニ而在方之もの呼出候節之差紙者江戸宿江相渡、江戸宿より飛脚を以村々江遣、

ぶぎょうしょ、ぎんみひきあいなどにて、ざいかたのもの、よびだしそうろうせつの、さしがみは、えどやどえ、あいわたし、えどやどより、ひきゃくをもって、むらむらえ、つかわし、

〝奉行所が「吟味引合」（取り調べや問い糺し）をするために、「在方之もの」（地方に住んでいる人たち）を、江戸に呼び出す時の「差紙（さしがみ）」は〟と書かれてあります。「差紙」という言葉が出てきました。これは、江戸時代の町の文書にも村の文書にも、よく見られる言葉です。役所が領民などを尋問したり命令を伝達したりするための呼び出し状、出頭を命じる召喚状が「差紙」です。この文書では「差紙」がキーワードになります。奉行所から地方に、「差紙」が送られる場合についての触書なのです。

次のキーワードは「江戸宿（えどやど）」です。江戸宿とは、差紙で呼び出されて江戸に出てきたり、訴訟のために江戸に出てきた人たちを宿泊させた宿屋のことです。こういう宿のことを、一般的には「公事宿（くじやど）」と言いましたので、「江戸宿」は〝江戸の公事宿〟ということになります。江戸以外のところでは「郷宿（ごうやど）」とも呼ばれていました。渡辺尚志著『百姓の主張―訴訟と和解の江戸時代』（柏書房、二〇〇九年）からは、農民の訴訟に江戸宿が具体的にどうかかわったかを興味深く知ることができます。

江戸宿は、旅人宿と百姓宿に大別できます。旅人宿は馬喰町（ばくろちょう）付近に集中し、百人前後の株仲間が組織されていました。旅人宿では一般の旅人も泊めましたので、公事宿を主にしていたのは半数以下のようです。百姓宿には八十二軒組・三十軒組・十三軒組の三組の株仲間があり、一般の旅人の宿泊は禁止されていました。旅人宿は町奉行所、八十二軒組は公事方勘定奉行所、三十軒組は馬喰町御用屋敷、などとそれぞれ密接な関係があったために、旅人宿を除いて、それぞれ関係の深い役所の近辺に宿が多くありました。

江戸宿の役割は宿泊させるだけではありません。訴訟のために江戸に出て来た宿泊者の訴状を作成したり、訴訟手続きを代行したりするなど、訴訟行為の補佐や弁護人的な機能も果たしました。ここで「江戸宿」と「差紙」が結びつきます。江戸宿の重要な機能のひとつとして〝差紙の送達〟がありました。差紙を地方に送るのは江戸宿の役目でした。

先ほどの文書の中に、奉行所が差紙を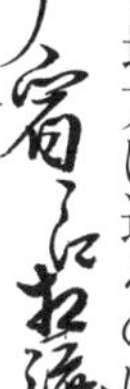「江戸宿江相渡」とありました。そして「江戸宿より飛脚を以」村々に送った、とあります。これこそ〝江戸宿による差紙の送達〟ですね。

では、ここまでの内容はよしとして、先に進みましょう。

その差紙を「請候もの（うけそうろうもの）」、つまり差紙を地方で受け取った人（江戸の奉行所から呼び出されている人）は、差紙を運んできた飛脚に、その場で「飛脚賃銭」を渡していたが、次のような困った事態になっていると書かれてあります。

近頃贋差紙持参、江戸宿飛脚之由偽、飛脚賃銭かたり取候もの、有レ之趣相聞、

ちかごろ、にせさしがみもちまいり、えどやどひきゃくのよし、いつわり、ひきゃくちんせん、かたりとりそうろうもの、これあるおもむき、あいきこえ、

「贋」は、「贋作（がんさく）」「贋物（にせもの）」の「贋」ですから「贋差紙（にせさしがみ）」ですね。

ある日突然、飛脚が訪ねてきて「自分は江戸宿から来た飛脚です」と偽って、「贋差紙」を渡すのですね。受け取った人は「贋差紙」とはもちろん気づきませんから、飛脚賃銭を渡してしまいます。

まさに、飛脚賃銭を「かたり」取られてしまったわけです。人をだまして

金品をまきあげることが「かたり」（騙り）ですし、またそうやってだます人、つまり詐欺師のことも「かたり」と言います。近ごろ「贋差紙」を持った偽飛脚が現れて、飛脚賃銭をかたり取っているという風聞がある、と書かれています。

〝江戸から呼び出し状が来た〟とあれば、〝とにかくすぐに江戸に行かなくては〟と思ってしまうのも無理もないことです。〝この人は偽飛脚で、「贋差紙」を持ってきたのではないか？〟などと疑うのは、難しいことでしょう。

差紙には「この差紙が到着次第、出府（江戸へ出立）すべし」と書かれてあります。差紙による召喚に応じない場合には「所払（ところばらい）」（自分の居住地からの追放刑）という処罰が待っています。大切な耕地や住居を放置しなければならなくなることは、だれだって避けたいですから〝「差紙」の命令に従ってとりあえず江戸に行こう〟となります。〝疑う〟という発想自体が、わきにくい状況でしょう。

とにかく、飛脚賃銭を払って「差紙」を受け取り、旅支度をして急ぎ江戸に向かい、江戸宿を訪れる。そこで、「そんな差紙は出していませんん。あなたを呼んではいませんよ。」と言われて、はじめて〝だまされた〟と気づく。

こういう〝贋差紙詐欺〟が横行したのですね。

これでは「村々難儀之事（むらむら、なんぎのこと）」であろう、と書かれてあります。

そして、その対策として、〝贋差紙詐欺〟に対して以後は次のようにするようにと、幕府は指示を出しています。

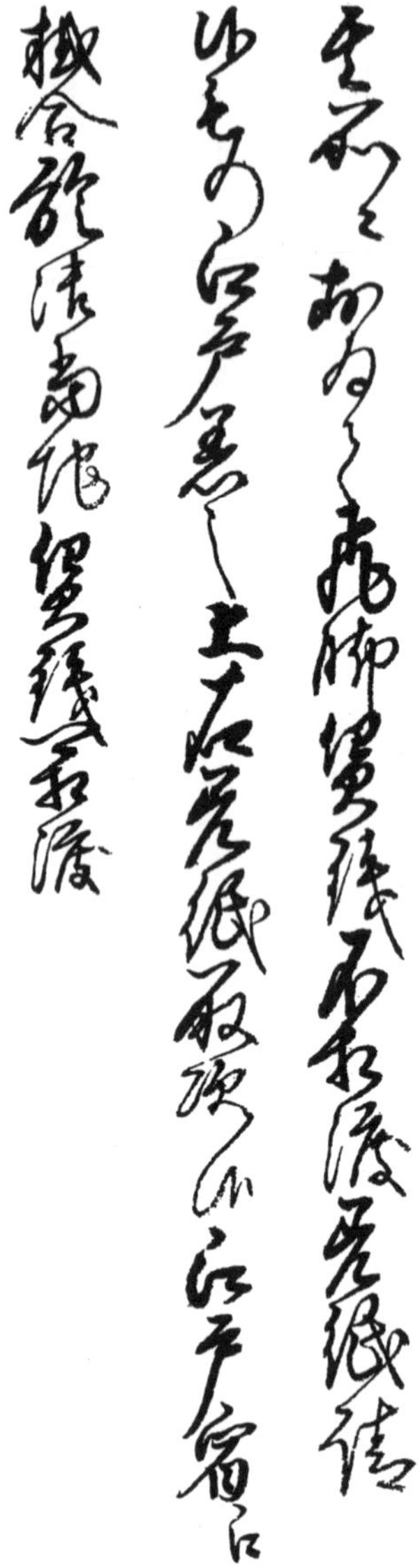

其所ニおゐて、飛脚賃銭不㆓相渡㆒、差紙請候もの江戸着之上、右差紙取次候江戸宿江掛合、於㆓御当地㆒賃銭可㆓相渡㆒、

そのところにおいて、ひきゃくちんせん、あいわたさず、さしがみうけそうろうもの、えどちゃくのうえ、みぎさしがみ、とりつぎそうろうえどやどえ、かけあい、ごとうちにおいて、ちんせんあいわたすべし、

「其所」は在方の村々、差紙を受け取った場所ですね。そこで飛脚賃銭を渡してはいけない。呼び出されたものが差紙を持って江戸に着いてから、その差紙を奉行所から取り次いだ江戸宿と交渉して本物かどうか確かめてから、「御当地」（江戸）で賃銭を支払うように、と書かれてあります。

さらに、その趣旨を「江戸宿共江も申渡置（えどやどどもえも、もうしわたしおく）」から、とあります。到着後に支払うことを、江戸宿にも承知させておくから心配しなくていい、というわけです。

なるほど、これなら「贋差紙」で飛脚賃銭をだまし取られることもありません。江戸まで出向いて、差紙が本物だとわかってから支払えばいいのですから。

しかし、そうは言っても、わざわざ江戸まで出て、そこで「贋差紙」だとわかるというのも何ともひどい話です。それをなるべく防ぐために、「見るからに怪しく、受け取った時に〝これは贋差紙だ〟と気づいた時には、差紙を持ってきたものをそこに留め置いて、

その地の取り締りの役所に知らせるように」という、但し書き（ただしがき）が付け加えられています。ここまですれば完璧と思って次を読むと、そうではなかったようです。

右之通、天明七未年・文化十二亥年、相触候処、

みぎのとおり、てんめいしち、ひつじどし、ぶんかじゅうに、いどし、あいふれそうろうところ、

この時にはじめてこの触れを出したのではなかったのですね。「右之通……相触候処」と書かれてありますから、私たちがここまで読んできたのと同様の触れが、この時以前に二回発令されていたことがわかりました。なかなか効果があがらず、詐欺の被害を根絶できていないからこそ、何度も同じ触れが出されているのです。私たちが読んでいる触れは、天保四年三月に出された三度目のものです。

①天明七年七月………一七八七年

②文化十二年六月……一八一五年（①から二十八年後）

③天保四年三月………一八三三年（②から十八年後）

①については『御触書天明集成』（三一一二）、②③については『御触書天保集成・下』（六三一一・六三一三）。いずれも岩波書店、一九五八年）で確認することができました。それを見ると、基本になる①の触れに、②と③では少しずつ内容がプラスされていっていることがわかります。新たな対策や指示が付け加わっているのです。

次に読む部分は、②の段階で追加されたものです。

右者畢竟、村方之もの共、油断より之事ニ付、

みぎは、ひっきょう、むらかたのものども、ゆだんよりのことにつき、

偽飛脚にだまされるというのは、「畢竟（ひっきょう）」（つまるところ）村人たちが油断しているからそんなことになるのだから、という意味ですね。②では、これに続けて、〝差紙を持ってきたものが、「路用差支（ろようさしつかえ）」（旅費が足りなくて困っている）などと言っても、差紙を受けったところで賃銭を決して渡してはいけない〟と書かれてあります。

そして、私たちが読んでいる文書、つまり③になると、さらに次の記述が加わります。

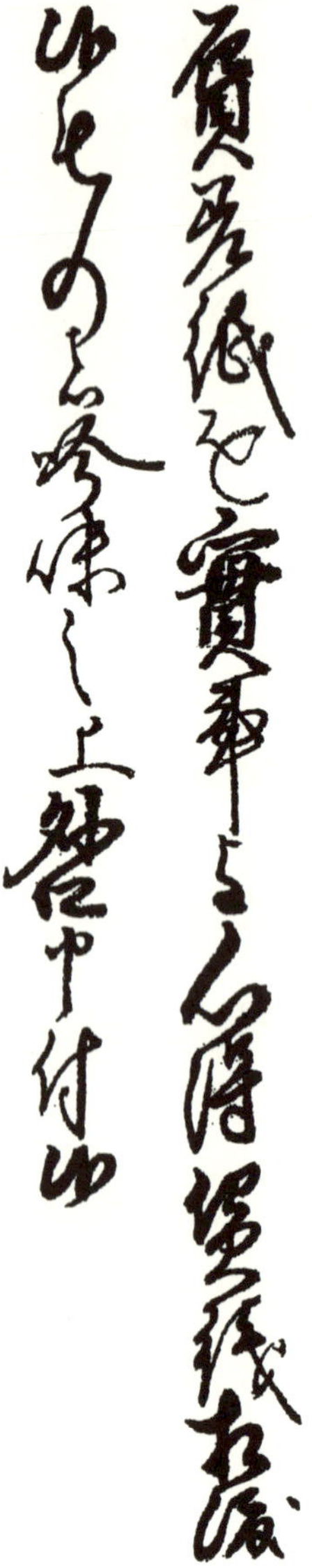

贋差紙を実事と心得、賃銭相渡候もの者吟味之上、咎申付候、

にせさしがみを、じつじとこころえ、ちんせん、あいわたしそうろうものは、ぎんみのうえ、とがもうしつけそうろう、

贋差紙を本物だと思って飛脚賃銭を渡してしまったものについては、取り調べをした上で処罰する、というのですね。

だまされた方が罰せられるというのですから、本末転倒です。詐欺被害にあった人は、まさに踏んだり蹴ったりということになりますが、幕府としては、これだけ触れを出して注意を喚起しているのに徹底できないのだから、だまされる方にも落度がある、という論理なのでしょう。天保期に、ますます〝贋差紙詐欺〟の被害が増大していたことを示しているとも言えます。

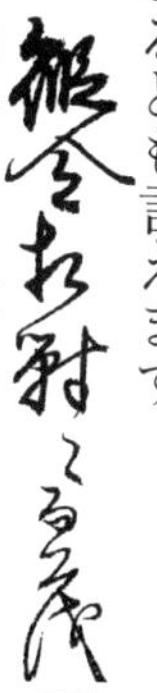

「縦令相対ニ而も（たとい、あいたいにても）」、〝たとえ、お互いに納得した上であったとしても〟先年の触れの趣旨を必ず守って飛脚賃銭を渡さないように、とも書かれてあります。

この触書は、幕領・藩領・寺社領などあらゆるところに伝達されましたが、本節で私たちが読んだ文書自体は、山城国の城和領で触れられたものです。城和領は、伊勢・伊賀に本拠地を置く藤堂藩が、山城国（城州）と大和国（和州）に持っていた飛び地のことです。この触れは、城和奉行から大庄屋を通じて村々に伝達されています。

差紙という仕組みを悪用した詐欺。いつの世にも、社会の仕組みを熟知し、人間の心情をよく理解した上でそれを悪用する人は必ず登場するものです。それをまねて、さらに巧妙な詐欺の手口が広がっていくのも、残念ながら避けられないことなのかもしれません。しかし、それと同時に、個人的にも社会的にもいろいろな知恵をしぼって、詐欺を防ぐ対策をたててきたことも事実でしょう。江戸時代の〝贋差紙詐欺〟をめぐる触書は、そんなことを考えさせてくれます。

第二節　候文の手紙の形式と内容は？

手紙を書くことが少なくなってきた、と言われます。

確かにその通りで、電話やメールなどで日常の伝達は事足りてしまう世の中になりました。しかし、そうだからこそ、手紙を書く必要が生じた時、また正式な書類を作成して提出しなければならなくなった時に、どのように書こうかと迷われるかもしれません。

まず書き始めの言葉はどう書こうか、時候の挨拶は……と。

江戸時代には、書状はどのように書かれていたのでしょうか。今から二・三百年も前の手紙ですから、私たちの手紙とは似ても似つかぬ、全く違った形式や書き方でしょうか。

本節では、江戸時代のひとつの書状を取り上げます。いったい、何がどのように書かれているのか、さぐっていくことにしましょう。

これが「一筆啓上仕候（いっぴつけいじょう、つかまつりそうろう）」です。古文書で見られる書き始めの文はこれが圧倒的に多いですが、次のようなものにもお目にかかります。

・一筆致二啓上一候（いっぴつけいじょう、いたしそうろう）

・一筆奉二啓上一候（いっぴつけいじょう、たてまつりそうろう）

いずれも〝お手紙を差し上げます。〟という意味ですね。現在は「拝啓」「謹啓」などと書く部分です。返信の場合には「貴札忝拝見仕候（きさつ、かたじけなく、はいけんつかまつりそうろう）」などと書かれてあります。先に進みましょう。

「向寒之砌ニ御座候所（こうかんのみぎりに、ござそうろうところ）」と、書かれてあります。〝寒い季節に向かう時期になってまいりましたが〟ということですね。現在でも「向寒の候」という言い方をします。この書状は、天保七（一八三六）年十月二十四日に書かれたものです。これは旧暦ですから、新暦では十二月上旬に当たります。これからますます寒くなっていく時期の挨拶として使われています。

私が今までに出会った時候の挨拶の表現を、いくつか挙げてみます。

・春暖ニ罷成候得共（しゅんだんに、まかりなりそうらえども）
・先以、暖気之節ニ御座候得共（まずもって、だんきのせつに、ござそうらえども）
・暑気相加候得共（しょき、あいくわわりそうらえども）
・追日冷気ニ罷成候処（ついじつ、れいきに、まかりなりそうろうところ）
・先以寒冷之節ニ御座候得共（まずもって、かんれいのせつに、ござそうらえども）
・打続天気宜（うちつづき、てんきよろしく）

言葉遣いは難しそうに見えますが、右のいずれも、今でも私たちが使っている挨拶の言葉にそのまま置き換えることができそうです。

　書き始めの言葉……「一筆啓上仕候」
　時候の挨拶………「向寒之砌ニ御座候所」

次は何が書かれているでしょうか。

先以、其御地御家内様御揃益御勇健ニ可レ被レ成二御座一、珍重之御儀ニ奉レ存候、

まずもって、そのおんち、ごかないさま、おそろい、ますますごゆうけんに、ござなさるべく、ちんちょうのおんぎに、ぞんじたてまつりそうろう、

まずは、相手の安否を気遣っている文章ですね。

「御地」「御家内様」「御揃」「御勇健」と、「御」がたくさん書かれていて、相手に対する敬意を表しています。「珍重」は、この場合「おめでたいこと・祝うべきこと」という意味です。〝まずは、そちらの皆々様がおそろいで、ますますお元気でいらっしゃる事と存じ、おめでたい事とお喜び申し上げます。〟といった気持ちでしょう。

「御勇健」のところは、「御壮健」「御安全」「御安康」「御機嫌能」なども書かれます。「珍重」の箇所には、「恐悦至極」「目出度」などと、相手が健康であったり無事であったりすることを喜ぶ表現が見られます。

そうですね。私たちも、自分のことからではなく相手への心遣いからスタートします。

随而爰許拙宅無二異儀一暮し候間、乍レ憚貴意易思召可レ被レ下候、

したがって、ここもと、せったく、いぎなくくらしそうろうあいだ、はばかりながら、きいやすく、おぼしめし、くださるべくそうろう、

こんどは、自分の方の状況を述べていますね。

先ほどの「御地」に対して「爰許（ここもと）」、「御家内様」に対して「拙宅」と、へりくだった書き方をしています。そして、「無二異儀一暮し候間」は、「特別変わったことはなく暮らしておりますので」ということですから、私たちが「別条ございませんので」というのと同じですね。

「乍レ憚（はばかりながら）」は、「おそれ多いことではありますが」。

「貴意」は「あなた様のお心」ですから「貴意易（きい、やすく）」で「どうぞ、御安心ください」という意味になります。

全体として〝こちらでは、拙宅の者どもは、変わりなく暮らしておりますので、どうぞ御安心くださいますようにお願い申し上げます〟ということですね。

・書き始めの言葉
・時候の挨拶
・相手の安否を気遣う文章
・こちらの安否の報告

ここまで読む限り、私たちの手紙文は江戸時代からほとんど変わっていないようです。
この先は、次の言葉ではじまっていきます。

「然者（しからば）」というこの言葉、これが出てきたら〝ここから本文がはじまる〟という合図だと思ってください。いよいよ、ここから、この書状を書いた人の言いたいことがはじまっていきます。「然者」と調子を変えて、書状の内容部分に入っていくわけです。「ど

ういう必要があって、何を伝えたくてこの書状を書いたのかを、読みとろう」という気構えで、この「然者」に向き合ってください。

ということは、内容を知りたい時には、ここから読めばよいことになります。

古文書を読む時、最初から最後まで一言一句飛ばさずに丁寧に読むことも、もちろん大切です。飛ばした場合、そこに思いがけず大切なことが書かれていることがあります。文書全体を理解する上で貴重な情報をつかみ損ねてしまう危険性もあります。何より、丸ごと古文書を楽しむためには、じっくり丁寧に全文を味わって、そこからたくさんのことを読みとりたいですね。

しかし、目的に応じた読み方というものもあります。とくに、書状のように形式が定まっているものについては、だれがいつだれに宛てた書状か、どんな理由で書かれ、何を言おうとしているのか、などが読みとれればよいですので〝「然者」をさがせ〟ということになります。「然者」からが本題ですから、そこから読めば用件はわかります。

本節での私たちの読み方は、むしろその逆です。江戸時代の書状がどのような形式で書かれているのかを見るのが目的ですから、順を追って読んできました。そして、なるほど私たちの手紙文と共通している、「こんなに変わらない」とわかりました。私たちは、江戸時代からの書き方を踏襲しているのだと、確認できました。

しかし、せっかくですから、この書状の内容も読んでみたいですね。書状、およびそれに関する一件をまとめると次のようになります。

この書状を書いたのは、善兵衛さんの父親の勘右衛門さんです。

息子の善兵衛さんは、故郷の近江国から江戸の白木屋日本橋店に奉公に出ていました。ところが気の毒なことに、元気に奉公しているとばかり思っていた息子が亡くなってしまったという思いがけない知らせが、江戸から届きました。

「善兵衛義、不慮之儀ニ而相果（ぜんべえぎ、ふりょのぎにてあいはて）」。しかも、「不慮之儀」とあるように、夜に外出先から帰宅途中、七か所の切傷を受けるという事件で、白木屋はすぐに医者を呼んで手当てしますが、そのかいもなく亡くなってしまいました。

善兵衛が亡くなったのは、九月二十二日の深夜。翌二十三日には町役人から奉行所に届けが出されて、奉行所からは 「御検使」が二人差し向けられました。また同

日に、白木屋をはじめ、家主（大家さん）、善兵衛さんの隣家の店子、五人組などがそれぞれ口書を提出し、一同が御白州に召し出されて御糺しを受けています。

この件について、江戸から父親の勘右衛門さん宛てにも知らせが出されました。九月二十五日に出された手紙が、十月八日に手元に届いたと、勘右衛門さんは述べています。その手紙に書かれた詳しい状況を読んだ彼は、自分の気持ちを次のように書いています。

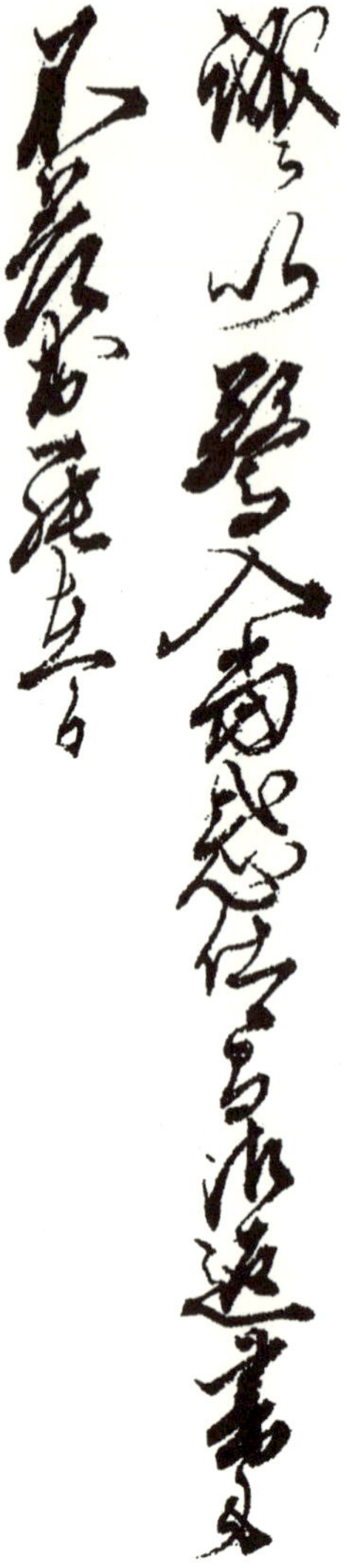

誠ニ以驚入、当惑仕候間、御返書も不㆓差出㆒罷在候、

まことにもって、おどろきいり、とうわくつかまつりそうろうあいだ、ごへんしょも、さしださずまかりありそうろう、

〝息子の死に対して、ただただ驚き悲しみ途方にくれていましたので、お返事も差し上

げることもできずにいました〟という親の気持ちが表れています。

さらに、江戸からの知らせが届いてから五日後の十月十三日には、白木屋日本橋店から幸右衛門という手代が勘右衛門さんのもとに到着します。そして、「猶又、委敷御咄し被レ下（なおまた、くわしく、おはなしくだされ）」とありますから、江戸からの手紙には書かれていなかった事情も、詳しく聞くことができたのでしょう。

そして、幸右衛門さんが近江までやってきた理由は、それだけではありませんでした。

下拙義其御地江罷下り、御公儀様江可ニ罷出一様御申被レ成、歎キ中ニ而猶又驚入申候、
げせつぎ、そのおんちえ、まかりくだり、ごこうぎさまえ、まかりいづべきよう、
おもうしなされ、なげきちゅうにて、なおまた、おどろきいりもうしそうろう、

「下拙（げせつ）」は「拙者」「愚生」などと同様、自分のことをへりくだった表現です。つまり、〝私（勘右衛門）が江戸まで行って、奉行所に出頭しなければならないと幸右衛門様がおっしゃったので、息子の死を歎いている我が身としては、ますます驚いています〟といった意味です。

「是悲共、下拙同道可レ致旨被レ仰候得共（ぜひとも、げせつどうどう、いたすべきむね、おおせられそうらえども）」とあるように、幸右衛門さんの目的は、父親を江戸に連れて来ることだったのですね。

しかし、勘右衛門さんは、白木屋さんをはじめ江戸の方々にはとてもお世話になったと繰り返し御礼を述べた上で、けれども自分はとても江戸まで行けないと、その理由を述べ

ています。それによると、自分は「極老躰（ごくろうたい）」であり、とても江戸まで旅ができない。また経済的にも「極貧窮（ごくひんきゅう）」していて、毎日の生活にも難渋している、とあります。

結局、勘右衛門さんの名代として、甥の又助さんと親類の久蔵さんが江戸に向かいますが、白木屋はその往復の路用も支払ってくれています。また、本文の中で、勘右衛門さんが多額の出費について御礼を述べていますが、医者への支払い、検使への御礼、奉行所での吟味に関する入用、町内への御礼の挨拶など、諸費用を合わせてこの善兵衛の一件で白木屋が七十二両余りを使っていることが、他の関連文書からわかります。

手続き上の様々な処置だけでなく、ひとりの従業員に対して一企業がこれだけの出費をしているわけです。

さて、本文が終わった後の書状はどのような形式になっているかを見ていきましょう。まずは本文の末尾の、結びの挨拶のところからいきましょう。

「先ハ、右御礼旁愚札如レ此御座候（まずは、みぎ、おれいかたがた、ぐさつ、かくのごとくござそうろう）」と書かれてあります。「愚札（ぐさつ）」は、自分の書状のことをへりくだった言い方です。〝まずは、右のように御礼の気持ちを込めて、私のつたない書状を差し上げ申します〟というわけです。

息子の死に対して丁重に対応してくれていることへの感謝の念と御礼を込めた書状ですから、このような末尾になっているのですね。私たちも、御礼状の時には「右、御礼まで」「まずは、取り急ぎ御礼申し上げます」などと書きます。

そして、次の書き終わりの言葉は、ほとんどの書状で使われている表現です。

「恐惶謹言（きょうこうきんげん）」。〝おそれつつしんで、申し上げます〟という意味で、相手に対して敬意を表して書状を終わらせる言葉です。「恐々謹言（きょうきょうきんげん）」と書かれている時もあります。「敬白」「敬具」などにあたりますね。

この書状は 「一筆啓上仕候」から始まって 「恐

惶謹言」で終わるという、江戸時代の代表的な書状の形式でした。

私たちは、このあと、日付け、自分の名前、宛先を書きますが、文書ではどうなっているでしょうか。左を見ると、やはり基本的に同じなのだとわかります。

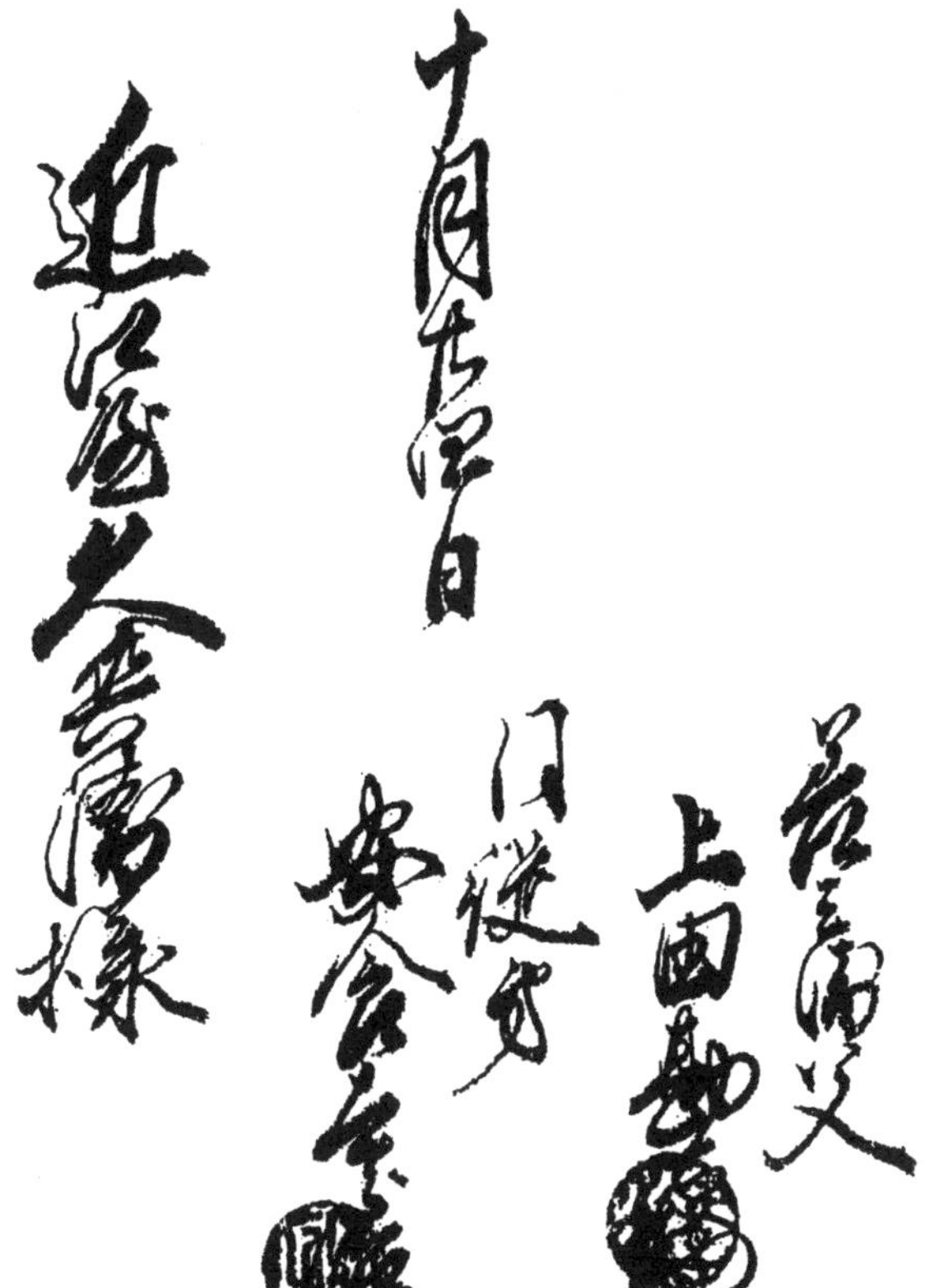

日付けは、十月二十四日です。年号は前にお話したように天保七（一八三六）年であることが、関連文書からわかります。

差出人は、「善兵衛父」である「上田勘右衛門」と、「同従弟」つまり善兵衛さんの従弟の「安食太郎次」との連名になっていて、それぞれ印鑑が押してあります。太郎次さんは、江戸に行くことになった又助さんの兄で、勘右衛門さんからみると甥になります。親類惣代として名を連ねているのでしょう。

宛先の「近江屋久兵衛様」ですが、これは亡くなった善兵衛さんの家守（やもり・大家さん）です。

善兵衛さんは、十一歳ごろに近江から出てきて白木屋日本橋店で奉公をはじめましたが、病気になり、暇を出されて文政七（一八二四）年に二十三歳で故郷に帰りました。

故郷で病気が全快し、この事件の四年前にまた江戸に出てきました。どんな理由があっても、いったん辞めた奉公人を再び雇うことはない白木屋に、久兵衛さんが口添えしてくれたおかげで、昼間だけ「勝手方勤奉公」（台所仕事）をすることができ、夜は「久兵衛方江相帰り候」という生活をしていました。しかし、三十五歳で不慮の死をとげてしまったのです。久兵衛さんは、白木屋の不動産・家作を管理する家守です。家守は日本橋店を退職した人がなることもあったようです。久兵衛さんは、病気になる前に善兵衛さんが日本橋店に勤めていたころからの先輩あるいは同僚だったのかもしれません。

この書状は久兵衛さん宛てです。善兵衛さんの変事については、まず彼から知らせがきて、それに加えて白木屋日本橋店の幸右衛門さんが近江にやってきた、と考えられます。

さて、これで書状は終わり、となるところですが、終わっていませんでした。

「二啓（にけい）」と書かれたあとに、数行の文章が続いています。これは何でしょうか。「二啓」とは〝追伸（ついしん）〟のことです。

「二白（にはく）」「二伸（にしん）」あるいは「追啓（ついけい）」「追白（ついはく）」などと書かれていても、いずれも〝追伸〟です。

勘右衛門さんは、久兵衛さん宛ての書状の「二啓」で、お世話になった白木屋側にも、また隣近所の皆様にも「貴公様方宜敷御礼（「きこうさまより、よろしくおれい」）をおっしゃってください、とお願いしています。

ひとつの書状をもとに、江戸時代の手紙の形式を見てきました。

・書き始めの言葉……………「一筆啓上仕候」
・時候の挨拶
・相手の安否を気遣う文章
・こちらの安否の報告
・本文……………………「然者」が目安でした
・結びの挨拶
・書き終わりの言葉…………「恐惶謹言」
・日付け、差出人名、宛名
・追伸……………………「二啓」

〝今から二百年も前の手紙だから、私たちの手紙とは似ても似つかぬ、全く違った形式や書き方〟ではないか、という予想は見事に裏切られたようです。どの箇所を見ても「本当に同じだ。私たちもそう書いている。」と思われたことでしょう。

もちろん、個々の言葉遣いは違います。そして、一見、難しそうなくずし字で書かれていいます。しかし、私たちもおおよそ右のような順で頭の中で文案を練り、手紙を認めています。その意味で、〝何百年もの間「こんなに変わらない」で来たのか〟と、意外なほど新鮮に思えるのかもしれません。

文書に見られる江戸時代の書状の形式は、自分の気持ちを丁寧に伝える上でも、用件をわかりやすく正確に知らせる上でも、とても合理的な形式なのでしょう。そして、いつの時代にも通用する普遍性があるからこそ、年月を経ても私たちの時代まで受け継がれてきたのでしょう。

手紙を読む女性の姿（『絵本浅香山』）

おわりに

〝間の宿（あいのしゅく）〟、本書はこの言葉からスタートしました。

古文書講座で読んでいた文書に「間の宿」と書かれてありました。「何のことだろう、そもそも何と読むのだろう」と、初心者の方はもちろんのこと、古文書を長年読んでいらした方たちも首をかしげました。文書の中の人物は旅をしていて、東海道の岡崎宿と池鯉鮒（ちりゅう）宿の間と思われるの「松川屋」に泊った、とあるのです。

〝間の宿〟は〝間の村（あいのむら）〟とも呼ばれたこと、公認された宿場町に対して〝間の宿（あいのしゅく）〟は村であり、休息は認められていても宿泊は禁止されていたことなどをお話しました。でも、「松川屋」で泊ったと宿泊所の名前まで明らかに書かれていますね、とみんなでその実態を知ることができました。

〝間の宿〟の両側の宿場町は、宿泊客を取られてしまうことになるので、奉行所に訴え出たり、時には直接衝突して争いが起きたりすることをお話すると、そのことに興味を持って詳しく調べる方もいらっしゃいました。また、「街道で日が暮れて、次の宿場町に着けなかったり、足が痛くて動けなくなったりしたらどうするのかと思っていましたが、ちゃんとこんな宿もあったのですね」と長年の疑問の一端が解けた、とおっしゃる方もいました。

〝間の宿〟をめぐって、講座の中でたくさんの説明をしたり考察したり調べたり、話し合ったりすることができました。

〝間の宿〟については、本書の第六章第二節「間《あい》の宿《しゅく》……東海道は五十三次だけ？」の一八〇頁のあたりから、詳しく書きました。その際、どんな史料集や書籍が参考になるかも挙げました。

踏み込んでみたら、今まで気づかなかった実態がある。

そこにそんなことがあると予想もしなかった姿がある。

しかしそれは、考えてみたら、調べてみたら、当然のことで、そこにこそ江戸時代の本質の一端があるのです。

・刀を取り上げられた村の農民のもとに、鉄炮がある（第六章第三節）。
・ゆったりと時間が流れていたと思っていた江戸時代に、大火後九日目で仮店舗が建ち、賑やかに営業が再開されていた（第三章第二節）。
・意外にも女性が、南町奉行所に大商家を訴えていた（第五章第二節）。
・旅先で亡くなったら、その亡くなった地に葬られた（第五章第一節）。
・二百年前にも詐欺被害があって、幕府はその対策に苦労していた（第七章第一節）。
・小屋を一軒建てるだけでも、建築許可が必要だった（第五章第三節）。

これらは、すべて実際の古文書の中で出会ったものです。

奇をてらって集めたものでもなく、普通の農村の文書や商家の文書の中に見られるものです。講座の中で、みなさんと一緒に「そうだったのか」と驚いたり、感心したり、あきれたり、納得したりしてきた様々な内容です。私自身が、研究のために文書を読んだり調べてきたりした事柄も含まれています。

原稿を書きながら、受講生の方々はこの言葉や表現に感動していらした。ここを思い違いしてしまったために、文書全体の文脈を読み違えてしまった。この言葉が、ここではこういう意味で使われていることに気づかなかったために、落とし穴に入り込んでしまいそうだった、などと講座風景が思い出されました。また、知らなかったら何気なく通り過ぎてしまうこと、見過ごしてしまうテーマにも気づいて、途方もなく豊かで深い江戸時代を知ることができることも経験してきました。

そして、全国で古文書を読んでいらっしゃる方々もきっと同じではないか、江戸時代を知りたいと思っていらっしゃる方々の知りたいことはまさにそこにあるに違いないという想いで、本書を書きあげました。ここで取り上げた項目が、その項目だけにとどまらず、読者のみなさまがこれから古文書を読んでいく上での幅広い可能性の手掛りになり、江戸時代を知る上での物の見方の広がりと深まりにつながることと信じています。

本書と出会ったことで、今までのあなたの江戸時代像がよい意味でひっくり返り、現代につながる課題を見つけられ、それが明日からの活力の源になることを願っています。

本書に挙げた文書のほとんどは、東京大学経済学部資料室所蔵の白木屋文書と浅田家文書の史料群の中の文書です。資料室の冨善一敏氏をはじめ、関係の方々に厚く御礼申し上げます。

白木屋文書の先行研究である林玲子先生の著作、『江戸問屋仲間の研究』（御茶の水書房、一九六七年）、『江戸店犯科帳』〈江戸〉選書8（吉川弘文館、一九八二年）、『江戸店の明け暮れ』歴史文化ライブラリー148（吉川弘文館、二〇〇三年）などからは、今まで同様に多くを学ばせていただいたことを感謝いたします。

浅田家文書については、その研究成果である、石井寛治先生と林玲子先生の編による論文集『近世・近代の南山城―綿作から茶業へ―』（東京大学出版会、一九九八年）はもとより、私もそのメンバーの一員である南山城研究会の方々の個々の御研究などからも、総合的にたくさんのことを教えていただきました。

学生時代から古文書を読み、近世史を学んできた中で、御指導いただいた大野瑞男先生や北原進先生をはじめ、多くの先生方、学会や研究会での諸先輩や仲間の方々に心から感謝いたします。

柏書房編集部の小代渉さんをはじめ、たくさんの方々の力強い支えで本書が完成しましたことを御礼申し上げます。

二〇一〇年二月

油井宏子

著者略歴　油井　宏子（あぶらい　ひろこ）

1953年　千葉県市川市生まれ。
1976年　東京女子大学文理学部史学科卒業。
船橋市、市川市の公立中学校教諭を経て、
1989年からＮＨＫ学園古文書講師。
近世史や古文書を学ぶ面白さを、全国各地の講座やシンポジウムで紹介している。
市川市博物館協議会委員。

おもな著書・監修・論文など
『江戸奉公人の心得帖――呉服商白木屋の日常』（新潮新書、2007年）
DVD版『油井宏子の楽しく読める古文書講座』全5巻（紀伊國屋書店・柏書房、2007年）
『江戸時代＆古文書 虎の巻』（柏書房、2009年）
『古文書はじめの一歩』（柏書房、2008年）
『江戸が大好きになる古文書』（柏書房、2007年）
『古文書はこんなに魅力的』（柏書房、2006年）
『古文書はこんなに面白い』（柏書房、2005年）
『古文書検定　入門編』（柏書房、2005年）
「銚子醤油醸造業における雇傭労働」（『論集きんせい』第4号、東京大学近世史研究会、1980年）
「醤油」（『講座・日本技術の社会史』第1巻 農業・農産加工、日本評論社、1983年）
『国史大辞典』（吉川弘文館）に「銚子醤油」など4項目執筆。
『古文書通信』（ＮＨＫ学園機関誌）にも、古文書の紹介と解説などを多数掲載。

そうだったのか江戸時代《えどじだい》――古文書《こもんじょ》が語《かた》る意外《いがい》な真実《しんじつ》

2010年3月25日　第1刷発行

著　者　油井宏子
発行者　富澤凡子
発行所　柏書房株式会社
〒113-0021 東京都文京区本駒込1-13-14
Tel. 03-3947-8251［営業］
03-3947-8254［編集］
装　丁　山田英春
組　版　ハッシイ
印刷所　壮光舎印刷株式会社
製本所　株式会社ブックアート

ISBN978-4-7601-3795-4